Elogios para *La falac*

«Si queremos impactar positivamente a nuestra sociedad sexualmente quebrantada, debemos llegar a ser auténticos y relevantes. Leer *La falacia de Grey* nos ayudará a hacer precisamente eso».

—CHRISTINE CAINE
FUNDADORA DE THE 21 CAMPAIGN

«La pornografía es veneno. Trafica con tres mentiras tóxicas: El sexo es barato. El sexo no tiene consecuencias. El sexo no requiere ningún pacto. Si nuestra sociedad continúa comprando y creyendo estas mentiras, entonces podemos esperar un fallecimiento lento y doloroso. Sin embargo, no es demasiado tarde. Pero debemos despertar y adoptar una postura».

—MAX LUCADO
PASTOR Y AUTOR DE ÉXITOS DE VENTAS

«Gracias a Dios por Shannon Ethridge. En un mundo sumergido en deseos de experiencias sexuales nuevas y más emocionantes, Shannon escribe un libro psicológicamente equilibrado y compatible bíblicamente. Descubrirás que esta respuesta a lo que parece ser una manía universal es iluminadora y alentadora, al igual que afirmadora de una sexualidad sana. Respaldo con todo entusiasmo este libro».

—MARILYN MEBERG
AUTORA DE *CONSTANTLY CRAVING*, Y ORADORA DE WOMEN OF FAITH®

«No es fácil nadar contra la corriente de la cultura popular. Ni siquiera es necesario a menos que la corriente de la cultura popular esté contaminada y esté empujando a buenas personas a un lugar de dolor y vacío. *La falacia de Grey* es algo más que una reacción impulsiva a una diversión inofensiva. Es una refutación bien investigada de una filosofía que está robando la *intimidad verdadera* a las personas que más la desean. Lo mejor de todo es que el libro de Shannon proporciona un claro mapa de un lugar *verdadero* de satisfacción sexual y personal en el mundo real en el que vivimos: un lugar llamado *esperanza*».

—KEN DAVIS
AUTOR DE *FULLY ALIVE*, Y PRODUCTOR, SCORRE CONFERENCE

«La fantasía es material engañoso, tan engañoso que pocas veces se habla de ello. El enfoque de Shannon es compasivo y persuasivo y, por tanto, útil. Estoy impresionada con su rápida y detallada respuesta a este tema».

—ELISA MORGAN
AUTORA, ORADORA Y EDITORA, FULLFILL.ORG

«Las fantasías sexuales son normales; pero para los seguidores de Dios, con frecuencia son confusas. Este libro abre el telón para revelar cómo podemos utilizar nuestras imaginaciones sexuales para disfrutar de verdadera unidad con nuestro cónyuge. Shannon Ethridge ha arrojado luz sobre un tema que demasiadas personas han tenido temor incluso a reconocer. No querrás perderte su mensaje».

—DRS. LES Y LESLIE PARROTT
AUTORES DE *ASEGURE EL ÉXITO DE SU MATRIMONIO*

LA

CINCUENTA SOMBRAS DE REALIDAD

FALACIA

PARA TUS PENSAMIENTOS Y FANTASÍAS SEXUALES

DE GREY

Shannon Ethridge

GRUPO NELSON
Una división de Thomas Nelson Publishers
Desde 1798

NASHVILLE   DALLAS   MÉXICO DF.   RÍO DE JANEIRO

Editora en Jefe: *Graciela Lelli*
Traducción: *Belmonte Traductores*
Adaptación del diseño al español: *Grupo Nivel Uno, Inc.*

ISBN: 978-1-60255-030-8

Impreso en Estados Unidos de América

12 13 14 15 16 BTY 9 8 7 6 5 4 3 2 1

Dedicado a mis amigos del «cotorreo de psicólogos»: Jarratt, Tom y Cheryl

Contenido

Reconocimientos   ix

Prefacio por Stephen Arterburn   xi

Una nota para el lector: Cincuenta sombras de realidad   xv

Introducción: Leer entre leones   xix

1. ¿Por qué hablar de fantasías sexuales?   1
   Entre bambalinas: ¿Cómo es la fantasía una amiga?   18

2. Los beneficios de establecer límites   22
   Entre bambalinas: Reentrenar nuestro cerebro   36

3. Los rostros tras las fantasías sexuales   40
   Entre bambalinas: Las capas de soledad de Sophia   54

4. Pornografía: La fábrica de fantasías   60
   Entre bambalinas: Del dolor al placer y de nuevo al dolor   73

5. Traficar con nuestro cuerpo   77
   Entre bambalinas: Buscar el lado más tierno de Dios   89

6. Cuando «una sola carne» no es suficiente carne   93
   Entre bambalinas: Lo «más bajo» de Brent   109

7. Batallar con fantasías gay y lesbianas   114
   *Entre bambalinas: Descubrir las raíces de las fantasías
   con personas del mismo sexo*   131

8. Nuestra fascinación por el placer, el dolor y el poder   136
   Entre bambalinas: ¿Qué pasa con los fetiches sexuales?   152

CONTENIDO

9. **Situar la fantasía en su lugar**   158

Entre bambalinas: ¡Al fin libre!   171

Conclusión: El resto de la historia   176

Apéndice 1: Diez excusas que convierten las fantasías en dolorosas realidades   180

Apéndice 2: Curar la epidemia de abuso sexual   184

Apéndice 3: Proporcionar un puerto seguro espiritual y sexual   187

Apéndice 4: Doce pasos hacia la recuperación   189

Apéndice 5: Recursos recomendados para la biblioteca de tu iglesia/hogar   191

Notas   193

Acerca de la autora   198

Reconocimientos

Nunca podría haber escrito un libro sobre fantasías sexuales si no hubiera sido por las docenas de clientes de consejería dispuestos a compartir los detalles íntimos de sus pensamientos privados. Gracias por su confianza, su valentía y su humildad.

Y no podría haber publicado tal libro sin un editor muy valiente que me respaldase. Mi especial gratitud a Debbie Wickwire, mi «ángel con botas de vaquera», y a todo el equipo de Thomas Nelson por captar esta visión y correr con ella. Joel Kneedler, gracias por creer en mí y allanar el camino para este proyecto.

Cuando comencé a ser mentora de aspirantes a escritores y oradores mediante el programa BLAST, no tenía idea alguna de la bendición en que eso se convertiría para *mí*. ¡Gracias a todos los participantes en BLAST que se lanzaron conmigo a este manuscrito! Lindsey Hartz, Carrie O´Toole, Christina Calk y Sally Casanova: aprecio mucho sus incontables horas de ayuda en la investigación. Christy Kennard, Christy Johnson, Aniesha Kleinhammer, Aubrey Sampson, Crystal Sheren y Rich Wildman: ustedes hicieron un trabajo maravilloso al proporcionar comentarios editoriales en cada paso del camino.

Varios consejeros profesionales y queridos colegas fueron increíblemente útiles en el desarrollo de este material, en particular Jarratt Major,

RECONOCIMIENTOS

Tom Haygood, Cheryl Mackey, Julianne Davis y Chris Legg. Gracias por ayudarme a ayudar a otros y a la vez permanecer fiel a la Palabra de Dios.

No hay palabras suficientes para expresar toda mi gratitud por las oraciones de mi familia y de más amigos de los que posiblemente podrían ser mencionados aquí. Sin duda alguna me han sostenido y me han fortalecido día a día.

A mis más íntimos amigos que escucharon con paciencia (y sin encogerse) a medida que he compartido repetidamente mi pasión por este tema, Terrica Smith, Skyla Bradley, Jerry Speight, Rita Baloche, Nicki Bradshaw, Jim Bailey y Marilyn Meberg: qué animadores tan fenomenales han sido, ¡y les amo profundamente por eso!

Finalmente, quiero dar las gracias a mi esposo que ha sido tan estupendo para ayudarme a exponer el significado más profundo que hay detrás de mis propias fantasías. Greg, no podría pedir un mejor compañero y amigo en la vida.

Prefacio

por Stephen Arterburn

Es obvio que algo va verdaderamente mal en las relaciones en la actualidad. Recientemente, estaba yo desayunando con dos hombres: uno de ellos estaba soltero y el otro casado. El soltero se quejaba de lo difícil que era encontrar una pareja, una mujer que estuviera interesada en un hombre como él.

Explicó: «No tengo un mal aspecto, tengo un buen trabajo y dinero en el banco, y amo a Dios, pero las mujeres no parecen estar satisfechas con eso. Se enamoran del tipo malo, de quien las trata como basura. Dicen que quieren a un hombre agradable, pero realmente no es así. Piensan que pueden tomar a un hombre malo y convertirle en un hombre bueno. Pero al considerar los historiales de algunas mujeres, eso aparentemente *nunca* funciona. Les siguen partiendo el corazón y pisoteando, y yo sigo preguntándome: "¿Qué es lo que ellas no pueden ver en un hombre como *yo*?"».

El hombre casado intervino, explicando que era un poco diferente en su casa. Su esposa parecía ir en busca de algo más, algo que él no llegaba a entender. Ella había estado leyendo *Cincuenta sombras de Grey*, y él admitió que a pesar de que el mayor interés sexual de ella era estupendo, se sentía un poco incómodo con las claras expectativas que ella tenía sobre el modo en que él debería acercarse a ella y tocarla, las palabras exactas que ella quería escuchar y las prácticas sexuales inusuales que ella le sugería. Todo parecía estar muy «programado», como si fuera una novela romántica en lugar de la vida real. «Ella siempre ha estado satisfecha anteriormente con nuestra vida sexual, así que no estoy seguro de qué sentido darle».

Quizá los hombres estén dando una probada a aquello de lo que las mujeres se han estado quejando por mucho tiempo. Durante años hemos observado cómo la integridad de los hombres llegaba a consumirse por el uso de la pornografía. La Internet abrió las puertas a los ojos de los varones, y millones de hombres se engancharon a experiencias sexuales despersonalizadas y a la autosatisfacción.

Ninguna mujer puede estar a la altura de las imágenes pornográficas que aparecen en páginas web o en videos. Lo irreal disipa cualquier esperanza de que lo real sea satisfactorio, y por eso el hombre finalmente renuncia a intentar repetir lo que experimenta con su pornografía. Se podría decir que el mundo de las fantasías pornográficas castra al hombre e incapacita su capacidad de tener sexo con un ser humano real y vivo. Las relaciones son destruidas, y el hombre aparta su vergüenza racionalizándola. Cualquiera que haya pasado por alto la proliferación del uso y la adicción a la pornografía ha pasado por alto una de las tendencias más destructivas en los últimos veinte años.

Parecía que este tipo de práctica sexual aislada y divisiva se quedaría principalmente como un problema masculino. Aunque los canales de pornografía femenina en televisión y también en línea han experimentado un aumento de tráfico, nunca han sido tan populares entre las mujeres. No han sido aceptados por las masas, ni tampoco son gratificantes para la mayoría de mujeres. Por tanto, parecía como si las mujeres estuvieran seguras ante algo tan destructivo como la pornografía. Al menos eso parecía ser cierto hasta ahora.

Cuando la trilogía de *Cincuenta sombras* salió a escena, se convirtió en tema de conversación incluso en los círculos más conservadores. Las novelas eróticas han estado ahí durante siglos, pero nunca antes han sido tan aceptadas y leídas por tantas personas. Pero lo cierto es que esos libros eróticos están atrayendo a lectores hacia un mundo de fantasía de modo muy similar a como la pornografía engancha a los espectadores masculinos.

Ningún hombre puede crear una experiencia sexual que sea paralela a las que aparecen en los libros. Ningún hombre puede ser considerado adecuado cuando se compara con la emoción erótica que se encuentra en esas novelas. El mundo de fantasía en el que entra la mujer le dejará muy insatisfecha con la realidad de su hombre y de su matrimonio. Cuanto más profundice en su mundo de fantasía, más difícil será experimentar gratificación sexual en una relación real, en la que el esposo no excita y estimula con cada movimiento que hace o con cada palabra que dice. Este tipo de fantasía le roba a la realidad cualquier capacidad de satisfacer.

Es necesaria una explicación más profunda del impacto de las fantasías sexuales, un examen más extenso de todas las dimensiones de nuestros pensamientos sexuales. Y por eso es tan importante este libro. No podría llegar en un mejor momento. Su contenido nunca ha sido más relevante. Ayudará a mujeres y hombres, tanto casados como solteros, a echar otro vistazo al mundo de fantasía que puede que estén creando mediante las novelas de romance, la pornografía o su propia imaginación. También les ayudará a salir de este mundo de fantasía y volver a construir relaciones reales y sanas.

Cuando la serie *La batalla de cada hombre* se volvió popular y ayudó a muchos hombres, hubo una obvia necesidad de algo igual de poderoso para ayudar a las mujeres. Yo elegí a Shannon para ser la autora de los libros *La batalla de cada mujer,* y ella sobrepasó todas las expectativas. No hay nadie mejor calificado que Shannon para escribir sobre el tema de la integridad sexual y la intimidad sexual. Creo que ella sobrepasará sus expectativas también a medida que se adentra en nuevos terrenos, explorando y revelando la verdad acerca del papel destructivo que la fantasía puede desempeñar en la vida de una persona.

Sé que los hombres normalmente no leen libros escritos por mujeres, pero caballeros, si pudiera instarles a hacer *una* excepción, sería con *este* libro. El genio, la sabiduría y la perspectiva de Shannon *no* les defraudarán.

Por tanto, esté usted soltero o casado, mantenga una relación o simplemente espere cultivar una en el futuro, lea este libro. Le preparará para la rica y satisfactoria vida sexual que todos anhelamos, o le ayudará a reparar la que ya tiene.

—Stephen Arterburn
Julio de 2012

Una nota para el lector

Cincuenta sombras de realidad

Mi amiga Natalie fue la primera en alertarme de la existencia de la trilogía de ficción *Cincuenta sombras*, por E. L. James. Mediante un breve mensaje de correo electrónico me preguntó: «¿Has visto esto? ¡Trata de ADSM: atadura, dominio, sadismo y masoquismo!». Yo no pensé mucho al respecto, hasta que comencé a escuchar cada vez más hablar sobre ello en televisión.

Vi una entrevista en nuestras noticias locales con una pareja casada. La esposa estaba diciendo que ella y su esposo estaban leyendo juntos el libro para crear algo de ímpetu en su vida sexual. Él estaba sentado a su lado asintiendo ligeramente y sonriendo de oreja a oreja, con la mano en la cadera de ella. Yo pensé: *¡Vaya, eso es estupendo! ¡Estoy a favor de una pareja casada que impulse sus energías sexuales el uno para el otro! ¡Bien! ¡Quizá yo también lo lea!*

Pero a medida que los medios seguían hablando constantemente al respecto, observé que las entrevistas se iban volviendo ligeramente más hostiles. Muchas personas estaban viendo los libros con unos lentes completamente diferentes. Muchos declaraban: «¡Son pornográficos... indecentes... basura!». Yo lo reconocí como palabras de lucha, y me pregunté de qué se trataba todo aquel jaleo.

Cuando alguien me envió un link a una «breve parodia digital» en *Saturday Night Live* de *Cincuentas sombras de Grey*, mi radar se encendió. Se emitió en torno al día de la madre, y presentaba a esposos e hijos bien intencionados que hacían regalos a mamá, solamente para descubrirla leyendo el libro y masturbándose en la cama... en la bañera... apoyada en la lavadora. Yo pensé: *Vaya... obviamente, no todas las mujeres están utilizando el libro para dar impulso a su lecho matrimonial. Algunas deben de estar encendiendo sus propios fuegos y ocultando las señales de humo a sus esposos.*

Emprendí una búsqueda en Google y comencé a leer lo que otras personas estaban diciendo sobre la serie. Algunas insistían en que la lectura del libro era inofensiva. «Los lectores conocen la diferencia entre verdad y ficción» era un mantra común por parte de los defensores. Sin embargo, los adversarios insistían: «Si la sociedad cree que esto es lo que las mujeres quieren, ¡estamos en *peligro*!». Mi bandera roja ondeó con fuerza cuando otra alerta en Google revelaba que las ventas de látigos, cadenas y demás parafernalia relacionada con ADSM iba en fuerte ascenso... gracias a la trilogía de Cincuenta sombras.

Pronto, la serie había vendido 10 millones de ejemplares en seis semanas, y una amiga me dijo que había una lista de espera de más de cuatrocientas en su librería local. Mientras leía un blog tras otro, algunos proclamando las ventajas de la historia y otros clamando por las desventajas, entendí que no solo se estaba fraguando una guerra cultural, ¡ya se estaba *librando*! Y cuando oí que un hotel europeo había sustituido sus Biblias de los Gedeones por *Cincuenta sombras de Grey* en todas las habitaciones de su hotel, solo pude deducir que esto no es meramente una guerra cultural. Es una batalla espiritual declarada.

Aunque yo no vi llegar la arremetida de *Cincuenta sombras de Grey*, no hay duda de que Dios sí la vio. Y creo que Él me hizo sentir el temblor de la tierra. Por tres años yo había estado diciendo: «¡Algún día quiero escribir sobre las fantasías sexuales!». Y con toda la locura en los medios de comunicación y el caos literario-crítico, me di cuenta de que el momento para el libro no era *algún día*. ¡Era *ahora*! Afortunadamente, yo ya había leído muchos libros, había realizado investigación profesional, había hecho miles de entrevistas, y había orado mucho y examinado mucho mi corazón con respecto a dónde estaba yo en el asunto de las fantasías sexuales.

Además de desarrollar el manuscrito, sabía que tenía un puente más que cruzar. Tenía que leer la serie Cincuenta sombras. Yo no podía escribir una respuesta a algo que nunca había leído. Mi esposo lo compró para mí, y oramos para que Dios me diera ojos para ver por medio de los lentes *de Él*.

Confieso que esperaba secretamente que *añadiría* impulso a mi ya sólido fuego sexual para mi esposo, Greg. ¿El veredicto? No me afectó como yo pensaba que lo haría. Yo necesitaba que Greg me abrazase, pero no como respuesta a la excitación sexual por mi parte. Necesitaba que él me abrazase cuando yo lloraba. Mi corazón se quebrantó por completo por la ingenua muchacha de veintiún años de edad en la historia, quien después de conocerle menos de una semana, entrega su virginidad a un hombre que quiere que ella firme un contrato de «dominio/sumisión» que le permitirá a él golpearla ritualmente siempre que quiera en nombre del placer sexual.

El tema que discurre por todo el libro es escalofriante: «Vaya, este hombre más mayor, increíblemente guapo y muy rico me quiere *a mí*! ¡Eso debe de significar que yo soy algo especial!», y: «Claro que él está enfermo y pervertido, ¡pero mi amor le cambiará!». En realidad me recordó a una muchacha a la que yo solía conocer. Sigo viendo su reflejo en el espejo cada mañana. Estoy muy agradecida de que ella ahora se mire a sí misma, sus relaciones y el sexo de modo muy distinto. Y es mi oración cada día que mi propia hija de veinte años de edad nunca experimente nada remotamente parecido a lo que yo experimenté.

El que usted haya leído o no *Cincuenta sombras de Grey* es totalmente irrelevante. Si ha decidido no hacerlo, le aseguro que no se sentirá perdido cuando lea *La falacia de Grey*. Ni siquiera mencionaremos nada más sobre la controvertida serie hasta el capítulo ocho, principalmente debido a que tenemos mucho trabajo fundamental que hacer a la hora de explorar el tema más amplio de las fantasías sexuales en general antes de explorar ADSM en particular.

Si usted leyó *Cincuenta sombras de Grey*, independientemente de si quedó fascinado con la serie o asustado, estoy contenta de que tenga entre sus manos *este* libro. Creo que le ayudará a «masticar la carne y escupir los huesos» cuando se trata de las fantasías sexuales. Y estoy haciendo la misma oración por usted que hice por mí misma: que Dios le dé ojos para ver todas las cosas sexuales con los lentes *de Él* y no con los de ninguna otra persona.

Introducción

Leer entre leones

En el momento de escribir este libro, he estado viva casi cuarenta y cinco años. Eso supone 16,425 días; o 394,200 horas; o 23,652,000 minutos. Y de esos más de 23 millones de minutos, hay un minuto en mi historia que ha sido increíblemente fundamental, increíblemente santo.

Aunque parezca extraño, estuve durmiendo durante ese minuto. Pero me desperté con un «conocimiento» inconmovible de que el sueño de sesenta segundos que experimenté tendría un significado muy profundo para mí durante el resto de mi vida, y quizá para muchos otros. Ojalá pudiera ser fiel a lo que se me había confiado en ese sueño. Este libro es mi intento de hacer precisamente eso.

Era el otoño del año 2011 cuando, acurrucada debajo de mi edredón de plumas de ganso y rodeando con mis brazos y piernas mi almohada, Dios se coló en mis sueños y brillantemente dibujó un mensaje enigmático que sencillamente era demasiado maravilloso para que mi propio cerebro lo hubiera producido por sí mismo. En este sueño, yo estaba de pie en medio de un campo de trigo maduro por el sol y dorado, vistiendo un vaporoso vestido blanco. Posados a cada lado de mí, uno a la derecha y el otro a la izquierda, había dos majestuosos leones. Yo tenía mis brazos situados a mis costados con mis manos colgando delante de sus cabezas, como si pudiera estar acariciando sus melenas. Sin embargo, mis manos no estaban sobre su piel. ¡Mis manos estaban en sus *bocas*!

Sentí que debería estar aterrada de que las potentes mandíbulas de dos animales tan poderosos estuvieran rodeando mis manos indefensas. Pero observé que no experimentaba ningún dolor en absoluto, nada de sangre, y sin duda ningún temor en este sueño.

Sí tuve un fugaz momento de preocupación pensando: *Si mis manos están ocupadas en las bocas de estos dos leones, entonces ¿cómo haré cualquier cosa?* Sin embargo, parecía haber una misteriosa paz que me rodeaba por completo.

Me desperté, sospechando que hasta que hubiese analizado detalladamente y descifrado con éxito ese sueño, no habría descanso alguno ni satisfacción para mi alma. Estaba en lo correcto.

Pero ¿qué podría significar todo aquello?

Unos días después, estaba hablando por teléfono. Cuando se acercaba el momento de poner fin a la llamada y prepararme para irme a la cama, me asombró reconocer lo que había estado haciendo subconscientemente durante la última media hora. Aunque normalmente no hago eso, había estado jugueteando con una pluma en el reverso de un sobre. Y lo que inconscientemente había dibujado eran unos trazos vergonzosamente nada profesionales de una muchacha... de pie en un campo de trigo vestida con un vaporoso vestido blanco... con un león a cada lado de ella. Y sí, lo ha adivinado: sus manos estaban en las bocas de los leones. Al no haber quedado satisfecha con interrumpir mi sueño, ahora la imagen invadía también las horas en que estaba despierta. Yo no estaba segura de qué hacer con eso. Quizá fuese algún tipo de llamada de alerta que proclamaba mi eminente epifanía.

Algún tiempo después, iba yo conduciendo por la misma carretera que había recorrido cientos de veces anteriormente. Pero esta vez, una vista en particular captó mi visión periférica, y me encontré pisando fuerte los frenos sin ni siquiera pensar, estirando mi cuello para captarla. Allí, en los escalones frontales del porche de alguna persona había dos pequeños leones de cemento, y más retirada en el porche, más cerca de la casa, en el patio pero posicionada directamente entre los dos leones, estaba una estatua blanca de un ángel con una vaporosa vestimenta. Era como si ese ángel y esos dos leones tuvieran cierto tipo de poder divino para sacar todo el aire de mis pulmones, porque eso fue exactamente lo que causó esa escena. Me quedé sentada en el auto mirando fijamente por la ventanilla, con mi mandíbula casi tocando mi pecho, y lágrimas formándose en mis ojos. Quise llamar a la puerta y preguntar si había alguna historia detrás de aquellas figuras, pero me di cuenta de que en realidad no era la historia *de ellos*. Era *mi* historia. Y ahí estaba, surgiendo una vez más y suplicando ser aclarada, anhelando ser entendida.

Hice una fotografía con mi iPhone para captar el momento. Sería la primera de docenas de fotografías parecidas que tomé. La semana siguiente iba montando en mi bicicleta cuando, de repente, lo que sentí como si fuera una mano celestial agarró mi cabeza y la giró suavemente hacia la izquierda, como para decir: «Shannon, ¡no te pierdas esto!». Con absoluta sorpresa, reconocí que de las cientos de casas por las que había pasado en ese paseo en bicicleta, esa tenía cierto tipo de radar sobrenatural: estaba decorada con, sí, estatuas de leones.

Pensé que podría ser solamente algo de Tyler, Texas, tener dos leones en el patio frontal. Me resultó muy extraño que yo hubiese vivido en esa zona y conducido por esa ciudad durante casi quince años y, sin embargo, nunca hubiera observado ni un solo león en ninguna parte hasta después de haber tenido el sueño. Entonces los veía por todas partes. Y en los meses subsiguientes, mi radar de leones de piedra demostró ser sorprendentemente preciso independientemente del lugar donde yo viajase. Puedo llevarle directamente a leones de piedra posados en lugares tan rurales como Grand Ledge, Michigan, o tan metropolitanos como Los Ángeles, California. Mi GPS espiritual me estaba dirigiendo hacia ellos, señalando hacia el trabajo del alma que yo aún tenía que hacer. Pronto mi psique comenzó a gritar: *¿Cuánto tiempo pasará hasta que aclares el significado más profundo que hay detrás de todo esto?*

Por tanto, comencé mi investigación de todas las maneras en que sabía. Recorrí la Internet buscando el significado simbólico de los leones. Comencé a leer libros sobre interpretación de sueños. Me reuní con dos consejeros diferentes que tenían ambos estupendas perspectivas. Pedí a ciertas personas que orasen por mí y que me ofrecieran cualquier explicación que Dios pudiera darles.

Aunque no puedo decir que haya resuelto por completo el misterio, diré que he realizado un importante progreso. Y he llegado a creer que el sueño tiene múltiples capas de significado. Algunas de esas capas han sido lo bastante amables como para explicarse por sí mismas. Otras han demostrado ser un poco más tímidas; o más exactamente, otras capas puede que entiendan que yo necesito crecer más antes de que estén preparadas para revelarse a sí mismas. Y eso está bien.

> «Los sueños están dirigidos a los asuntos no terminados de nuestra vida, mostrando lo que necesitas afrontar a continuación, lo que necesitas aprender a continuación».[1]
> —Robert Johnson

He aprendido a confiar en que Dios me mostrará cualquier cosa que Él quiera que yo sepa, cuando Él esté listo para que yo lo sepa. Yo estoy en el viaje, agradecida de tener una relación con el Dios que *sigue* hablando a su pueblo, algunas veces mediante visiones y sueños tal como hacía en las páginas de la Escritura, y otras veces simplemente mediante ideas que invaden nuestro cerebro o corazonadas.

Por muchos meses me enfoqué totalmente en los leones. Creía que eran los símbolos clave en este sueño, y consideré toda explicación posible que podía imaginar. Al entender que aquello estaba por encima del ámbito de mis propias posibilidades intelectuales, rogué a Dios que me lo descifrase.

Mi siguiente revelación fue que los leones podrían en realidad representar a Dios o Satanás. Vemos que se hace referencia a Jesús como «el León de la tribu de Judá» (Apocalipsis 5.5), pero también vemos que se hace referencia a Satanás como «león rugiente, buscando a quién devorar» (1 Pedro 5.8). Pero a medida que seguí orando, ninguna de esas interpretaciones resultaba verdaderamente certera.

Lo que sí era cierto es que Dios estaba llamando mi atención a una innegable polaridad en mi consultoría como mentora. Algunos de mis clientes se martirizan a causa del más mínimo pensamiento sexual, sintiendo como si ciertamente hubieran sido infieles a su cónyuge y fuesen un inmenso desengaño para Dios (ninguno de los casos es verdad). Otros ocasionalmente han acallado su conciencia y han actuado según sus pensamientos sexuales de maneras que producen un dolor increíble y que lamentan más adelante; sin embargo, siguen sintiéndose como si fuesen esclavos de sus deseos sexuales (lo cual es también incierto).

Cuando consideré esta polaridad, contemplé la postura de los leones: el uno a mi izquierda y el otro a mi derecha. Me di cuenta de que el león a la derecha podría representar a los pensadores de la derecha, o legalistas: quienes se martirizan a sí mismos, y a otros, por la más pequeña infracción sexual. El león de la izquierda podría representar a los pensadores de la izquierda, o liberales: quienes en más de una ocasión hacen la vista gorda a su propia incapacidad de ejercitar dominio propio sexual.

También presté una atenta consideración al modo en que he errado personalmente a ambos lados de este espectro. Hubo períodos de mi vida, especialmente en mi adolescencia y juventud, en que mi enfoque del sexo era que «todo vale». Bien, no *todo*, pero casi todo mientras me hiciera sentir bien y sentirme amada. (Mi definición de amor en aquel momento estaba obviamente bastante torcida.) También hubo períodos después de haber sentado un poco más mi cabeza en que probablemente pensara que yo estaba un poco más arriba en la jerarquía cristiana que otros debido al estilo de vida «puro» que estaba viviendo, al ser fiel a mi esposo y predicar a otros acerca de la integridad sexual y todo eso. Me estremezco por el modo en que yo juzgaba a las personas, no intencionadamente sino como lo más natural, por su quebrantamiento sexual, preguntándome: *¿Por qué no puedes comportarte como yo lo he hecho?* (Un modo de pensar bastante peligroso a la luz de cómo el orgullo llega antes de la caída, ¿verdad?)

Entendí que cualquiera de esos extremos era muy poco sano. Recordé que se nos advierte «evitar todos los extremos»:

He visto de todo en esta vida sin sentido, incluso jóvenes buenos que mueren y personas malvadas que tienen una vida larga. Así que, ¡no seas demasiado bueno ni demasiado sabio! ¿Para qué destruirte a ti mismo? Por otra parte, tampoco seas demasiado malo. ¡No seas necio! ¿Para qué morir antes de tiempo? Presta atención a estas instrucciones, porque todo el que teme a Dios evitará caer en ambos extremos. (Eclesiastés 7.15–18, NTV)

Fue en torno a ese período cuando el concepto para este libro comenzó a cristalizar en mi mente. Frecuentemente pensaba que en todas las cosas, incluyendo nuestros pensamientos sexuales, tenemos que tener cuidado para mantener un delicado equilibrio entre legalismo y liberalismo.

Yo nunca sería lo bastante legalista para decir que «todas las fantasías son malas». Entenderá por qué a medida que vaya leyendo. Pero tampoco sería nunca lo bastante liberal para decir: «¡Abra su mente a cualquier cosa que quiera!». Entenderá también eso a medida que avance en la lectura.

Al igual que la muchacha en el sueño estaba de pie directamente en medio de aquellos dos leones, sin virar demasiado lejos a la derecha ni tampoco a la izquierda, tenemos que descubrir nuestro equilibrio sexual saludable. Imagine a un niño de pie directamente en lo alto de un columpio, con un pie en un lado del fulcro y otro pie en el otro. Hay momentos en que necesitaremos inclinar su cuerpo un poco más hacia la derecha para mantener el equilibrio, y otras veces hacia la izquierda. Es este movimiento constante, vigilancia constante, flexibilidad constante y sensibilidad constante a la dirección hacia la cual el Espíritu Santo nos está guiando en cada situación ¡lo que nos permite vivir directamente en el centro de la voluntad de Dios sin tropezar y caer de bruces!

Sé que este enfoque de equilibrio puede ser un concepto difícil de entender para algunos. Podría sonar como si yo estuviera diciendo: «¡Sea alguien que se salta los límites!», o «¡Sea endeble en lugar de defender su terreno y agarrar sus pistolas!». No estoy diciendo nada de eso. Meramente digo que necesitamos encontrar y mantener un balance saludable para mantener nuestra cordura en *todas* las cosas. No hacemos dieta religiosamente cada día de nuestra vida, ni tampoco nos atiborramos de comida cada día. Oscilamos entre comer más y comer menos para mantener un estilo de vida saludable. No nos agarramos a las monedas hasta que duele cada día, pero tampoco permitimos que el dinero se nos escape de las manos diariamente. Algunos días gastamos y ahorramos otros días, esperando ahorrar más de lo que gastamos a la larga, pero tampoco pasamos por alto nuestras necesidades básicas solamente por acumular dinero.

Lo mismo es cierto de nuestros pensamientos y energías sexuales. Hay momentos en que realmente necesitamos ponerles riendas para evitar que hagan algo estúpido que cause daño a nosotros mismos o a otros. Hay otras veces en que necesitamos permitir que los pensamientos y la energía sexual fluyan para crear la pasión que todos anhelamos en el matrimonio.

Pero supone algo más que solamente encontrar un equilibrio y mantenernos firmes en medio. La vida es un deporte de participación plena. Pensemos en el péndulo de un reloj. Tiene que moverse a un lado y a otro para crear energía. No podemos retenerlo a la izquierda o a la derecha, o ni siquiera directamente en el medio. Si el péndulo no se está moviendo de un lado a otro constantemente, no está realizando su tarea. Los engranajes del reloj no girarán y la esfera no reflejará la hora correcta. ¿De qué sirve un reloj que no nos dé la hora correcta?

Nuestra sexualidad opera de manera similar. En nuestra pereza mental y espiritual, puede que seamos tentados a encontrar cierta postura mental o ciertos temas sexuales, las fantasías, por ejemplo, y quedarnos ahí, ¡sin movernos ni a la izquierda ni a la derecha *nunca*! Pero entonces perdemos la energía sexual que fuimos creados para producir. ¡No! Si queremos que nuestra mente, nuestro cuerpo y nuestras relaciones funcionen tal como fueron creados, debe haber energía; debe haber movimiento mental. A veces, puede que necesitemos recurrir al regalo dado por Dios de la fantasía mental para impulsar nuestras pasiones e imaginaciones sexuales en el matrimonio. Otras veces, puede que necesitemos sujetar nuestros pensamientos para permanecer fuera de territorio peligroso. En ambos casos, ya sea que estemos intencionadamente abriendo nuestra mente o intentando guardarla, hay grandes beneficios en ir despegando las capas de nuestros pensamientos sexuales para entender sus significados más profundos. Y una vez que lo hemos hecho, estamos mejor equipados para ayudar a otros a hacer lo mismo.

A medida que procedemos, recordemos que Dios es quien nos creó como seres tanto espirituales como sexuales, y por eso Él es el único que puede sacar a la luz el significado más profundo que buscamos. Considérame como tu guía turística para esta pequeña parte de tu viaje. Estoy encantada de tener la oportunidad de mostrarte parte de lo que

Dios me ha mostrado a mí hasta ahora con respecto al tema de las fantasías sexuales a lo largo de estos próximos nueve capítulos. También obtendrás perspectivas adicionales en las características especiales de la sección «Entre bambalinas» y los casos de estudio. Y si es necesario, encontrarás recursos específicos al final del libro que te ayudarán a vencer los desafíos o las adicciones sexuales que tú o tus seres queridos puede que estén afrontando.

1

¿Por qué hablar de fantasías sexuales?

Después de kilómetros de deambular en la oscuridad, un cansado viajero entra en una solitaria gasolinera. La dependienta está situada sobre una banqueta detrás de la registradora con sus ojos pegados a las páginas de una novela de pasta blanda.

En el intento por dar a conocer su presencia, se aclara la garganta con gran exageración. «¡Um-um-um!».

«¿Sí?», pregunta la dependienta sin molestarse en levantar la vista.

«Estoy buscando un mapa de carreteras», responde el viajero.

La cabeza de la dependienta se eleva de repente, y sus ojos marrones recorren la tienda para ver si hay alguna otra persona escuchando esa conversación. Con una expresión parecida a la de un ciervo deslumbrado por los faros de un auto, ella responde directamente: «No, señor. No tenemos mapas de carreteras».

«Bueno, ¿puede decirme dónde hay otra gasolinera que pudiera tenerlos?».

Molesta, la dependienta levanta la vista una vez más y responde enfáticamente: «No encontrará ninguno por esta zona».

«¿Qué quiere decir? Sin duda, ¡habrá un mapa de carreteras en algún lugar en esta ciudad que pueda ayudarme a descubrir hacia dónde voy!».

«No. No existen mapas de carreteras para esta zona. Y si yo fuese usted, no iría por ahí preguntando por uno, pues si no la gente va a suponer que es usted una de *ese tipo* de personas».

«¿Qué quiere decir con que "no existen mapas de carreteras para esta zona"? ¡Seguramente este camino frecuentemente transitado no es territorio desconocido! ¿Y qué quiere decir con "una de *ese tipo* de personas"? ¿De qué está hablando?», pregunta el viajero con gran irritación.

«¡Quiero decir que nadie está bastante familiarizado con esta zona para crear un mapa de carreteras! Si le agarran preguntando por uno, la policía sabrá que usted es una de *esas personas*, ¡una que no sabe dónde ha estado y no sabe hacia dónde va! No permitimos eso por aquí, señor, ¡así que piérdase!».

«¡Estoy perdido!», grita el viajero, perdiendo rápidamente su paciencia. «Por eso estoy *aquí*, ¡pidiendo un mapa de carreteras!».

«Mire, ¡no va a encontrar ningún mapa de carreteras por aquí! Y si vuelve a preguntarme, ¡llamaré a la policía!», amenaza la dependienta, con las manos en sus caderas, los ojos saltones y las venas del cuello hinchadas por una combinación de adrenalina e indignación justa.

«¡Esto es ridículo! ¿Estoy en el programa de "cámara oculta"? ¡Esto no puede ser real!», insiste el viajero.

Desde luego, este escenario *está* en parte en el lado ridículo. Pero creo que es una descripción bastante precisa de lo que está sucediendo dentro de la comunidad cristiana en la actualidad. Demasiadas personas van deambulando por tierra extraña, algunos sospechando, pero la mayoría sin ni siquiera darse cuenta, que estamos perdidos. No tenemos un sentimiento claro de dirección. No hay nadie a quien podamos pedir un mapa de carreteras. Si buscamos uno, seremos catalogados como «una de *ese tipo* de personas».

La tierra extraña a la que me refiero, desde luego, es la cultura saturada de sexo en la cual vivimos, estos cuerpos estimulados sexualmente (o sexualmente inactivos) en los que habitamos, y estas mentes sexualmente motivadas (o sexualmente congeladas) con las que operamos. Con la promesa de perfección celestial, restauración y completa redención aún en el horizonte, somos meramente viajeros perdidos en el aquí y ahora, intentando orientarnos y dar sentido a nuestra sexualidad y nuestra espiritualidad: los denominadores comunes que todos compartimos a pesar de cuál sea nuestra edad, género, raza, trasfondo denominacional, nivel de educación, estatus económico, y otras cosas.

Intentar dar perfecto sentido a dos misterios tan complejos puede parecer tan frustrante e inútil como intentar cepillarnos los dientes a la vez que comemos una galleta Oreo. Tenemos que preguntarnos a veces:

- ¿De dónde provienen nuestros pensamientos sexuales?
- ¿Qué hacemos con ellos?
- ¿Dónde están situados los límites mentales, emocionales, físicos y espirituales?
- ¿Podemos ser santos y estar calientes al mismo tiempo?
- ¿Hasta dónde podemos llegar para satisfacer esos abrumadores anhelos que sentimos a veces?

O quizá una mejor pregunta para algunos sea:

- Si soy un ser sexual, ¿por qué ya no deseo experimentar ningún anhelo sexual en absoluto?

LLEGAR A ORIENTARNOS

Cuando tenemos preguntas sobre sexualidad, consultamos la Internet, nuestro diccionario médico o a esa amiga de la que conocemos tantos secretos sucios, ¡que ella posiblemente no le diría a nadie que le hicimos *esa* pregunta!

Cuando éramos pequeños, la mayoría de nosotros nunca nos molestamos en consultar a nuestros padres, ya que ellos se hubieran muerto de la vergüenza y nos hubieran encerrado en nuestro cuarto hasta que tuviéramos cuarenta años de edad. Y sin duda, no les preguntábamos a nuestros líderes espirituales, porque pensábamos que probablemente ellos ni siquiera practicaban sexo. Además, probablemente nos habrían expulsado del edificio de la iglesia si hubieran descubierto qué tipo de pensamientos sexuales en realidad pasaban por nuestra cabeza... ¡incluso los domingos!

Si la sexualidad es invención de Dios, y lo es, entonces deberíamos ser capaces de poder consultar a la Iglesia para encontrar un mapa de ruta o de carreteras cuando buscamos respuestas a nuestras preguntas sobre todo lo sexual. Sin embargo, si tenemos temor a que nuestra petición sea recibida con asombro, confusión, ansiedad, horror, disgusto, sospecha o juicio, quizá incluso con ojos saltones y las venas del cuello hinchadas, entonces ¿cómo nos abriremos camino por este territorio extraño? Aunque no puedo decir esto de todo líder espiritual o seguidor de Cristo, creo que es seguro decir que un gran segmento de la Iglesia parece no tener idea alguna en cuanto a dónde puede encontrarse un mapa de ruta. Y si tú preguntas por uno, bueno, ¡debes de estar realmente perdido! «¡No debes de conocer a Jesúuuuuus!», dicho con mi voz más sarcástica de señora de iglesia.

¿Podemos ser genuinos por un momento? Quiero decir, ¿*realmente* genuinos?

Incluso aquellos de nosotros que conocemos a Jesús de manera muy personal y muy íntima, quienes leemos nuestra Biblia, ayunamos con frecuencia, diezmamos regularmente y oramos con intensidad, ¡podemos seguir sintiéndonos como si necesitásemos un mapa de ruta para entender nuestros deseos físicos, espirituales y emocionales! Pero tengo noticias realmente estupendas. Ya tenemos un mapa de ruta, *si* somos lo bastante valientes para estudiarlo.

Este mapa de ruta para entender nuestra sexualidad y nuestra espiritualidad está constituido en realidad por nuestras fantasías sexuales personales más profundas y más íntimas. Por tanto, deberíamos ser inteligentes para examinar marcas tales como:

- ¿Quiénes son los rostros que están en nuestras fantasías?
- ¿Qué papeles desempeñan?
- ¿Qué papeles desempeñamos nosotros?
- ¿Qué emociones principales suscitan esas fantasías,
  y por qué?
- ¿Qué acontecimiento en nuestra historia creó la necesidad de
  experimentar tal emoción?

- ¿Cómo medica esa fantasía el dolor emocional de nuestro pasado o nuestro presente?
- ¿Por qué los seres humanos (¡incluso cristianos!) fantasean sobre cosas como:
  - ver pornografía o participar en aventuras extramatrimoniales
  - atadura, dominio, sadomasoquismo (como se idealiza en la trilogía de Cincuenta sombras)
  - prostitución, seducción o violación
  - citas con personas del mismo sexo, tríos y orgías

Y la pregunta más importante a considerar es:

- ¿Podría haber un deseo espiritual incluso más profundo por debajo de nuestros deseos sexuales?

Haré una pausa por un momento para permitirte agarrar aire, aflojarte la corbata, relajar tu mandíbula, dar un trago de agua y recuperar tu compostura. Puede que te sientas o no te sientas cómodo con estos temas, pero *necesitamos* hablar de ellos. Lo hemos necesitado durante m-u-c-h-o tiempo. Como sociedad, como Iglesia, como parejas e individuos solteros, como hombres y mujeres, como padres de muchachos y muchachas que batallan por dar sentido a su propia sexualidad, necesitamos hablar sobre esto. Ignorar al elefante que está en nuestras salas ciertamente no le hará desaparecer. De hecho, ignorar a ese elefante está causando que crezca misteriosamente cada vez más.

Quizá solo estés leyendo este libro para saber cómo ayudar a otra persona. Si es así, ¡bien por ti! Es mi oración que proporcione muchas herramientas afiladas para tu cinturón de herramientas ministerial o de consejería. Pero la mejor manera de ayudar a otra persona es ayudándote primero a ti mismo.

Antes de continuar con esta exploración, hagamos una pausa para un rápido test de preguntas y respuestas a fin de decidir cuánto entendemos acerca de las fantasías sexuales.

¿VERDADERO O FALSO?

V F   1. La revolución sexual de los últimos cuarenta años se trata de sexo.

V F   2. La Iglesia realiza una tarea adecuada de enseñar a los cristianos cómo evaluar y hablar adecuadamente del tema de las fantasías sexuales.

V F   3. Toda fantasía es inadecuada, malsana y pecaminosa.

V F   4. La fantasía sexual y la lujuria son lo mismo.

V F   5. Los cristianos controlan sus pensamientos y actos sexuales mejor que otras personas.

V F   6. Las fantasías sexuales proporcionan un mapa de ruta hacia la satisfacción sexual que anhelamos.

V F   7. Las fantasías sexuales es mejor dejarlas sin expresar y sin explorar.

V F   8. La fantasía sexual es realmente solo la manera que tiene el cerebro de conducirnos a hacer cosas malas.

V F   9. Ansiedad, confusión o temor por las fantasías sexuales no es un problema común.

V F 10. Interpretar las fantasías sexuales no va a resolver ninguno de los problemas del mundo.

¡Ahora veamos cómo te fue!

1. La revolución sexual de los últimos cuarenta años se trata de sexo. *Falso.*

La revolución sexual en realidad no se trata en absoluto de sexo. Se trata de personas quebrantadas que utilizan a otras personas, intentando desesperadamente medicar su propio dolor emocional mediante actos sexuales. Se trata de soledad, aislamiento, rechazo, inseguridades, code-pendencia, aburrimiento y egoísmo.

La intención de Dios para la intimidad sexual es proporcionar una manera maravillosa en que dos personas, comprometidas para siempre mutuamente en una relación de matrimonio, se entreguen la una a la otra mediante intenso placer, pasión, afirmación, ternura, confianza mutua y euforia mutua. ¡Solamente piensa en cómo sería el mundo si experimentásemos *ese* tipo de revolución sexual constructiva en lugar de la destructiva que hemos experimentado!

2. La Iglesia realiza una tarea adecuada de enseñar a los cristianos cómo evaluar y hablar adecuadamente del tema de las fantasías sexuales. *Falso.*

No sé de ti, pero yo no he oído ni un solo sermón sobre los papeles, las normas, los beneficios o los límites de las fantasías sexuales. Quizá la razón se deba a que la palabra *fantasía* no aparece en absoluto en la Biblia, al menos no en las diversas traducciones que yo he consultado.

Puede ser muy difícil hablar de todo este tema simplemente debido a nuestra falta de entendimiento. Por ejemplo, recientemente oí por parte de un caballero que estaba bastante infeliz conmigo por abordar el tema de la fantasía sexual en mi libro más reciente, *The Sexually Confident Wife*. Intercambiamos varios mensajes de correo electrónico cordiales hasta que finalmente pensé en hacer la pregunta: «Si yo hubiera utilizado el término *pensamientos* sexuales en lugar de *fantasías*, ¿se sentiría de modo diferente acerca de lo que dije sobre el tema?».

Después de algunas horas de pensarlo, el respondió que sin duda, *todos* tenemos pensamientos sexuales, y que eso es una cosa perfectamente adecuada para hablar de ella. Por tanto, planteé la pregunta: «¿Puede explicarme cuál es la diferencia que usted percibe entre un *pensamiento sexual* y una *fantasía sexual*?». Mediante continuados intercambios de correos electrónicos, consideramos juntos:

- ¿Es un asunto del *contenido* del pensamiento?
- ¿Es el modo en que el pensamiento te hace sentir como respuesta?
- ¿Es cuestión de cuántos segundos permanece en tu cabeza? Quizá menos de dos segundos es solamente un pensamiento, pero cualquier cosa superior a 2.1 segundos, ¿se convierte en una fantasía?

Ambos tuvimos que reírnos ante lo difícil que es para los cristianos mantener una conversación clara ¡cuando ni siquiera tenemos un vocabulario claro para el tema! Por tanto, establezcamos algunas definiciones antes de avanzar más.

Ya que la Biblia no menciona concretamente la fantasía, consultemos el diccionario. Dictionary.com define la palabra *fantasía* como:

1. imaginación, especialmente cuando es extravagante y sin freno.
2. formación de imágenes mentales, ideas especialmente maravillosas o extrañas; conceptualización imaginativa.
3. una imagen mental, especialmente cuando es irreal o fantástica; visión: una *fantasía de pesadilla*
4. *Psicología*: una secuencia imaginada o sacada de la nada que satisface una necesidad psicológica: soñar despierto.
5. alucinación.[1]

Para los propósitos de nuestra discusión, voy a inclinarme hacia la cuarta definición: que las fantasías sexuales son pensamientos imaginados que satisfacen algún tipo de necesidad psicológica. ¡Creo que examinar la fantasía con el propósito de discernir la necesidad psicológica subyacente es absolutamente clave para ayudarnos a controlar esas fantasías antes de que ellas nos controlen a nosotros!

3. Toda fantasía es inadecuada, malsana y pecaminosa. *Falso.*

Desde el período en que éramos niños pequeños, fuimos alentados por nuestros padres y por la sociedad a fantasear. «¿Qué quieres cuando seas grande?» es una de las preguntas que se hacen con más frecuencia a un niño. ¿De qué otro modo van a saberlo si no sueñan despiertos sobre diferentes papeles que podrían desempeñar en la sociedad? En este contexto, ¡la fantasía es sana e incluso vital para el crecimiento!

Considera lo siguiente:

- Fantasear sobre dónde ir a la universidad y qué estudiar significa que somos inteligentes.
- Fantasear sobre aprovechar al máximo nuestra carrera significa que somos ambiciosos.
- Fantasear sobre estar en forma físicamente significa que somos conscientes de la salud.

- Fantasear sobre obtener más de nuestra vida sexual, bueno, eso significa que debemos de ser lujuriosos, pervertidos, enfermos y retorcidos.

Desde luego, esa última afirmación sencillamente no es cierta. Es normal y sano querer sacar el máximo de nuestra vida sexual, y a veces la fantasía *es* la mejor manera de lograr esa meta: imaginar lo que podría resultarte agradable y especialmente imaginar qué tipo de actos placenteros te gustaría ofrecer a tu cónyuge.

Mientras estaba hablando de la idea de este libro con amigos y colegas respetados, una de las preguntas más comunes que escuché fue: «¿Crees que *todas* las fantasías son incorrectas?». Permíteme declarar mi postura con claridad. Yo no creo en absoluto que *todas* las fantasías sean incorrectas, pero las fantasías que van más allá de lo que es socialmente o espiritualmente aceptable lo son, y frecuentemente están arraigadas en traumas de la niñez o en dolor no resuelto. La meta de este libro no es tanto juzgar si las fantasías son «correctas o incorrectas», sino más bien ayudar a las personas a examinar las fantasías sexuales a fin de reconocer sus raíces e invitar a Dios a ayudarles a sanar su dolor.

4. La fantasía sexual y la lujuria son lo mismo. *Falso.*

Ahora que hemos establecido una definición de fantasía sexual, hablemos de lujuria. Cada vez que se menciona la palabra *lujuria* en la Biblia, se hace en referencia a anhelar algo que no pertenece a la persona que tiene lujuria, como en «se prostituyen por ir tras sus dioses» (Éxodo 34.15), «Si renuncias a tu codicia del dinero» (Job 22.24, NTV), o cuando Job se compromete a «no mirar con lujuria a ninguna mujer» (Job 31.1).

La lujuria no se mencionan nunca en el contexto de una pareja en el matrimonio que quiera agradar o ser agradado por la otra parte. Tal deseo no es lujuria en absoluto. Como se nos dice en 1 Corintios 7.9: «es preferible casarse que quemarse de pasión». En otras palabras, el acto del matrimonio transforma nuestros deseos lujuriosos (tener sexo con alguien con quien aún no estamos casados) en deseos que son santos, puros e inequívocamente correctos, porque el matrimonio es el lugar ordenado por Dios para que esos anhelos apasionados y agradables sean plenamente explorados y disfrutados. (Desde luego, hay ocasiones en que una persona comienza a utilizar y abusar de modo egoísta de su compañero sexualmente, de modo que la lujuria es posible en el matrimonio.)

En su libro, *The Bondage Breaker* (*Rompiendo las cadenas*), Neil T. Anderson proporciona incluso más perspectiva. Muestra que mientras nuestros pensamientos y deseos sexuales son perfectamente normales, comienzan a traspasar una línea. Él escribe:

> El sexo es una parte dada por Dios de nuestro sistema nervioso autonómico. La función sexual normal es una parte regular y rítmica de la vida. Pero cuando Jesús dijo: «cualquiera que mira a una mujer y la codicia ya ha cometido adulterio con ella en el corazón» (Mateo 5.28) estaba describiendo algo por encima del límite del diseño de Dios para el sexo. La palabra para codicia es *epithumos*. El prefijo *epi* significa «añadir a», significando que algo está siendo añadido a un impulso normal. Jesús nos desafió a no añadir al impulso sexual dado por Dios contaminando nuestra mente con pensamientos lujuriosos. La única manera de controlar su vida sexual es controlar su vida pensante.[2]

Desgraciadamente, controlar tu vida pensante es mucho más fácil decirlo que hacerlo, pero es mi oración que este libro te ayude a hacer precisamente eso, al ayudarte a entender (en lugar de ignorar) pensamientos sexuales que con frecuencia surgen en tu mente.

Otra razón por la que no creo que las fantasías sexuales y la lujuria sean lo mismo es porque muchos clientes de consejería me dicen que sus fantasías sexuales con frecuencia incluyen algo que ellos no desean en absoluto. Un hombre que fantasea (o tiene un pensamiento sexual) con estar con otro hombre con frecuencia considera el pensamiento bastante repulsivo; sin embargo, puede resurgir una y otra vez. Una mujer que fantasea (o que tiene un pensamiento sexual ocasional) con ser violada realmente no quiere ser violada. Por tanto, para los propósitos de la discusión, no todas las fantasías pueden ser clasificadas como pensamientos lujuriosos. Las fantasías sexuales son meramente pensamientos que puede que intenten decirnos algo de lo que nuestra mente no es consciente. No hay ninguna necesidad de disparar al mensajero.

5. Los cristianos controlan sus pensamientos y actos sexuales mejor que otras personas. *Falso.*

Aunque la respuesta a esta pregunta probablemente debería ser cierta a la luz del increíble poder que tenemos a nuestra disposición para resistir la tentación, creo que tenemos que admitir que la respuesta es con demasiada frecuencia *falsa*. Los cristianos batallan tanto como cualquier otra persona con el pecado sexual, incluyendo el sexo prematrimonial, el sexo extramatrimonial y el uso de pornografía.

Al hablar el año pasado con el gerente de un hotel de Cincinnati, parte de una cadena que da acogida a algunas de las convenciones cristianas más grandes en nuestro país, descubrí que la cadena hotelera se beneficia en gran manera de ser la sede de esas reuniones. Cada año asisten a las convenciones multitudes de pastores, comunicadores religiosos, escritores cristianos, oradores y músicos. ¿Te gustaría adivinar qué se atribuye al aumento de beneficios del hotel durante esas conferencias? Según el gerente, ¡las compras de películas pornográficas son tremendas!

Es momento de dejar de fingir que los cristianos no batallan con el pecado sexual. Es fácil ver las noticias y suponer que solamente los políticos más poderosos o las celebridades famosas corren el riesgo de poner en práctica sus fantasías de maneras peligrosas y destructivas. ¡Pero seguramente las personas «de verdad» no actúan de esa manera! Especialmente no los cristianos «de verdad», ¿no es así?

Incorrecto. Mi consulta de consejería ha estado compuesta casi exclusivamente por mujeres y hombres cristianos que parecen ser muy «normales» por fuera. Sin embargo, a medida que me permiten echar un vistazo a lo que está sucediendo en ellos en el interior, ha sido desgarrador ver cómo sus fantasías sexuales les han conducido por algunos caminos muy dolorosos, con frecuencia debido a que decidieron ponerlas en práctica. Leerás estudios de casos prácticos de muchos de esos clientes intercalados en este libro.[3]

6. Las fantasías sexuales proporcionan un mapa de ruta hacia la satisfacción sexual que anhelamos. *Falso.*

Es fácil suponer que las fantasías deben de ser un mapa de ruta para la satisfacción futura. Si _____ es en lo que pienso, en lo que sueño, con lo que fantaseo, bueno, ¡debe de ser *lo que quiero*! Si se siente tan bien en la fantasía, ¡solamente puedo imaginar lo bueno que va a sentirse en la realidad!

Sin embargo, muchos han aprendido (algunos por el camino difícil) que la mayoría de fantasías son mejores cuando se dejan como fantasías, *no* en la realidad. De hecho, algunas de las fantasías que tenemos son meramente para medicar el dolor emocional que nos hemos causado a nosotros mismos por poner en práctica nuestras *anteriores* fantasías. Qué círculo vicioso. Como dicen en el movimiento de recuperación: «La definición de locura es probar lo mismo una y otra vez, esperando resultados diferentes esta vez».

Esto me recuerda a la viñeta de Richard Torregrossa que vi en el libro de Robin Norwood, *Daily Meditations for Women Who Love Too Much* [Meditaciones para mujeres que aman demasiado]. En la viñeta, una mujer está en cuatro patas en la acera debajo de una farola en la noche. Un oficial de policía se acerca y le pregunta: «¿Qué está usted buscando?».

«Mis llaves», responde la mujer.

«¿Es aquí donde las perdió?», investiga el oficial.

La mujer responde: «No, pero es el único lugar donde puedo ver para buscar».

A veces pensamos que nuestras fantasías sexuales son el único lugar donde podemos encontrar la satisfacción que anhelamos porque es el único lugar donde podemos ver para buscar, pero las fantasías sexuales no son un mapa de ruta preciso para descubrir lo que queremos en el presente o en el futuro. Son, sin embargo, ¡un excelente mapa de ruta del pasado!

¿Por qué querríamos ir *allí*? Para poder reconocer y sanar el dolor no resuelto que con frecuencia nos conduce a hacer algunas cosas bastante estúpidas. Solamente entonces podemos integrar plenamente nuestras fantasías sexuales y nuestra fe cristiana para llegar a ser las mujeres, hombres, esposas, esposos, mamás y papás que Dios nos creó para que fuésemos.

7. Las fantasías sexuales es mejor dejarlas sin expresar y sin explorar. *Falso.*

Garantizado: ciertos individuos han intentado compartir abiertamente algunas de sus fantasías sexuales más inquietantes solamente para encontrarse con duras consecuencias, como:

- Olivia, a quien pidieron que abandonase su puesto como maestra de escuela dominical cuando ella confesó a la esposa de su pastor que batallaba con las fantasías sexuales y la masturbación.
- Kent, cuya esposa hizo las maletas y le abandonó cuando él admitió que le estaba resultando difícil controlar sus pensamientos con respecto a una mujer en el trabajo.
- Marcia, quien admitió ante una amiga que estaba enganchada a la pornografía lesbiana, solamente para que esa amiga le alentase a probar el lesbianismo, lo cual produjo incluso más sentimientos de culpabilidad y vergüenza.

Siempre corremos un riesgo cuando decidimos ser vulnerables acerca de cualquier cosa sexual. Y a veces es realmente mejor guardarnos ciertas cosas para nosotros mismos... al menos hasta que encontremos a alguien que pueda verdaderamente ayudarnos sin hacernos daño en un principio.

Pero cuando sí encontramos a esa persona que pueda ayudarnos a ver por encima de los árboles y contemplar el bosque, ¡la sanidad que puede producir es sorprendente! Y llegar a ser una «persona segura» que pueda ayudar a otros a experimentar las victorias sexuales y espirituales que están buscando, es incluso más gratificante.

Por tanto, voy a instarte a lo largo de este libro a no ignorar tus propias fantasías, sino a considerar cuidadosamente sus significados más profundos. Si miramos más allá de las fantasías mismas, podemos sacar a la luz las fuerzas impulsoras que operan en nuestro interior y con frecuencia nos conducen hacia patrones relacionales destructivos. Este entendimiento más profundo de nosotros mismos y del modo en que nos relacionamos con otros es una parte muy valiosa de crecer, madurar y encontrar libertad para disfrutar plenamente de nuestra sexualidad.

8. La fantasía sexual es realmente solo la manera que tiene el cerebro de conducirnos a hacer cosas malas. *Falso.*

Tengo un querido amigo y mentor, Jarratt Major, que es un terapeuta de matrimonio y familia licenciado de ochenta años de edad y un ministro retirado. Me he estado reuniendo mensualmente con él y con otros dos consejeros profesionales por casi cuatro años, en un grupo al que nos referimos afectuosamente como el «cotorreo de psicólogos», ya que somos un grupo de psicólogos que hablamos de nuestros propios viajes en la vida. Jarratt, considerado el «padre» del grupo, nos ha enseñado dos pepitas de sabiduría increíblemente valiosas que han dado forma a mi modo de pensar y han dado chispa a mi imaginación para escribir este libro:

1. Las fantasías son realmente tan solo la manera que tiene el cerebro de intentar curarse a sí mismo.
2. Si no aprendes a enfrentarte a tus fantasías, ¡puede que te muerdan en el trasero mientras intentas huir de ellas![4]

Entender estos principios ha transformado mis pensamientos, ha mejorado mi autoestima, e incluso ha salvado mi matrimonio. Por ejemplo, hace muchos años, cada vez que un hombre hacía que girase mi cabeza, yo sentía pánico. *¿Es esta la manera que tiene el destino de decirme que me casé con la persona equivocada? ¿Es este el comienzo del fin de mi matrimonio? ¿Es inevitable una aventura amorosa extramatrimonial aquí?* Esas eran las preguntas que yo me hacía ingenuamente.

Afortunadamente, mi esposo siempre fue mucho más comprensivo con las tentaciones y las fantasías que yo. Cuando le confesaba con lágrimas mis pensamientos y le pedía perdón y que me hiciera rendir cuentas, él me recordaba con frecuencia: «Shannon, esto no se trata de tú y yo. Se trata de tu papá y tú».

Esta idea ha tenido mucho más sentido a la luz de los dos principios que Jarratt ha compartido conmigo. Esas fantasías con otros hombres, normalmente más mayores, eran en realidad tan solo la manera que tenía mi cerebro de intentar sanar las heridas de sentirme tan emocionalmente distanciada de un padre que sencillamente no sabía qué hacer con una hija. Si yo ignoraba el dolor que producían las fantasías, podría fácilmente haber caído en esas aventuras amorosas. En cambio, hice frente al dolor, pasé por meses de intensa terapia de grupo e individual para tratar mis «problemas con papá».

Ahora, después de cuarenta y cinco años de vida y casi veintitrés años de matrimonio, he aprendido que cuando mi cabeza se gira y mi corazón se siente atraído hacia otro hombre, no necesito tener pánico o correr para confesar. En cambio, me acercaré a Greg y le preguntaré: «¿Te importaría abrazarme como a un bebé?». Cuando mi esposo que mide casi 1.90 metros tiene entre sus brazos, eso me recuerda que tengo todo el amor que necesito, y que puedo manejar, en esta relación llamada matrimonio. Pero incluso aunque no tuviera un esposo, el amor de mi Padre celestial me rodea lo suficiente para mantenerme segura de mis propias fantasías sexuales si yo decido deleitarme en su presencia en lugar de correr hacia el objeto de mi fantasía.

Por tanto, la pregunta que tenemos que hacernos a nosotros mismos no es nunca: «¿Cómo puedo cumplir esta fantasía?», o incluso: «¿Cómo puedo ignorar esta fantasía?», sino más bien: «¿Qué puedo aprender de esta fantasía?» y «¿Cómo puedo sanar este dolor que me está haciendo fantasear en esta dirección en un principio?». Como un alquimista que extrae oro de los metales básicos, podemos extraer algunas de las pepitas de sabiduría más valiosas de lo más básico de nuestro inventario mental.

9. Ansiedad, confusión o temor por las fantasías sexuales no es un problema común. *Falso.*

Los estudios muestran que un ochenta y cuatro por ciento de hombres y un sesenta y siete por ciento de mujeres tienen fantasías sexuales, así que creo que es seguro decir que, como promedio, aproximadamente tres de cada cuatro personas las tienen.[5] Aunque no he encontrado un estudio que diga qué porcentaje de esos individuos batallan con sentimientos negativos acerca de sus fantasías, tendría que pensar que es una población bastante significativa basándome en el número de personas de las que oigo cada semana en www.ShannonEthridge.com, que envían peticiones de oración como las siguientes:

Quiero ser liberada de las fantasías sexuales con personajes de televisión. Me encantaría tener una relación saludable y maravillosa con un hombre «de verdad» con el que Dios quisiera que yo estuviera. No siento que haya nadie con quien pueda compartir esto, y por eso me gustaría que sus compañeros de oración orasen por mí. —Jill

Realmente estoy batallando con la pureza. Me doy cuenta de que la única vez en que realmente participo en el sexo con mi esposo es cuando fantaseo. Anhelo el sexo más que él, y sencillamente me está resultando difícil mantener pura mi mente. Ni siquiera sé dónde comenzar. Estoy releyendo su libro *La batalla de cada mujer* porque no lo he leído en años y sé que necesito algo de aliento en esta área. Gracias por sus oraciones. —Katy

Mi esposa es hija única de una madre alcohólica y fue educada en un ambiente eclesial muy estricto. Tiene muchos problemas emocionales (ira, depresión, importantes cambios de humor) que hacen que sea muy difícil para mí sentirme conectado con ella sexualmente. Como resultado de todo esto, me encuentro fantaseando como loco con otras mujeres: lo que ellas estarían dispuestas a hacer en la cama y la diversión que podríamos disfrutar juntos. Sé que esto es peligroso. Sencillamente no sé cómo controlarlo. He orado hasta no poder más, así que supongo que estoy pidiendo que otros se unan a mí en oración, por mi esposa y por mí, para que evite que mi mente vaya a lugares donde no debería ir. —Michael

Estoy felizmente casada con un hombre maravilloso, pero estoy chiflada por mi agente inmobiliario casado. He confiado en algunas amigas piadosas, y ellas están orando y me hacen rendir cuentas. Cada vez que fantaseo con él, lo lamento, y oro y lo confieso; sin embargo, sigo recayendo. ¡Parece que no puedo llevar cautivos mis pensamientos! Amo a mi esposo, nuestro matrimonio es bueno, y me siento atraída hacia él. Lo único en que puedo pensar para sentir este enamoramiento es el impulso que da a mi ego el imaginar que un hombre nuevo y distinto me encuentre atractiva. La venta de nuestra casa se cerrará pronto, pero me preocupa que siga aferrada a mi versión de fantasía de este hombre por algún tiempo. Y que si no puedo descubrir cómo controlar este enamoramiento, pueda llegar algún otro en el futuro y sea más peligroso. ¿Y si llego a enamorarme de alguien a quien conozca personalmente en lugar de ser un profesional temporal en mi vida? Necesito soltar en mi mente y en mi corazón a este hombre antes de que dañe mi matrimonio. Por favor, ore por mí. —Sheryl

Si eres consejero, líder espiritual o solamente un amigo que sabe escuchar, quizá estés oyendo casos parecidos. Mi oración es que este libro pueda ser una brújula confiable en tu cinturón de herramientas ministerial para dirigir a personas que sufren hacia respuestas útiles y soluciones esperanzadoras.

10. Interpretar las fantasías sexuales no va a resolver ninguno de los problemas del mundo. *Falso.*

Considera por un momento algunos de los mayores problemas relacionales a los que la sociedad se enfrenta en la actualidad:

- Matrimonios que no lo logran
- Familias que se derrumban
- Hijos que se ven atrapados en medio y crecen con todo tipo de equipaje emocional como resultado
- Las presiones financieras de ser padre o madre soltero
- Las cargas resultantes en los sistemas educativo y de beneficencia de nuestro país
- Personas que sufren en silencio, o que recurren a las drogas, el alcohol, el sexo, o cualquier otra cosa para adormecer su dolor

La lista podría continuar.

Hay varios orígenes posibles de estas dificultades, pero con frecuencia individuos, matrimonios y familias se están derrumbando debido a problemas sexuales no resueltos. ¿Y dónde comienzan esos problemas sexuales? En la mente humana. Cualquier palabra con carga sexual o relacionalmente destructiva que se haya pronunciado, cualquier compromiso que hayamos hecho o hayamos roto, cualquier fantasía que hayamos imaginado o hayamos podido controlar: todas estas cosas surgen del fascinante cerebro humano. Y al igual que cualquier órgano corporal, la principal búsqueda del cerebro es curarse a sí mismo de cualquier daño emocional que haya experimentado en el pasado.

Entonces, ¿te unirás a mí en este viaje de sanidad a los rincones más profundos de la mente sexual? Quizá descubramos que nuestras fantasías sexuales no tienen que ser una gran piedra de tropiezo que nos haga tropezar. No tienen que enviar oleadas de conmoción y dolorosos efectos en cadena a nuestras familias durante futuras generaciones. Puede que realmente sean más parecidas a valiosas perlas de sabiduría por debajo del montón de colchones que han estado ahogando a nuestra sociedad durante demasiado tiempo. Y quizá sacar a la luz el significado más profundo que hay detrás de los pensamientos sexuales sacará y redimirá esas perlas,

> «Lo que está más oculto en nosotros es también lo más universal. *Todo el mundo* tiene secretos que necesitan ser descubiertos y sanados, y a medida que nos enfrentamos a los nuestros, ayudamos a crear un clima en el cual otros también pueden hacer lo mismo. A medida que trabajamos en nuestra propia sanidad, ayudamos a producir sanidad en el mundo».[6]
> —*Robin Norwood*

produciéndonos la paz relacional y el descanso que nuestras mentes y nuestros matrimonios anhelan.

ENTRE BAMBALINAS: ¿CÓMO ES LA FANTASÍA UNA AMIGA?

Tan solo la palabra misma, *fantasía*, puede evocar todo tipo de ansiedad entre los cristianos. De hecho, ¡*fantasía* parece ser una palabra incluso más tabú que *sexo*! Pero antes de que tiremos al niño junto con el agua de la bañera y supongamos que todas las fantasías son poco sanas, peligrosas y, por tanto, totalmente fuera de los límites, consideremos cómo la fantasía puede en realidad ser una amiga.

1. **La fantasía puede ayudar a adormecernos al dolor insoportable.** Cuando mi hija era una conductora novata, se chocó contra un árbol y su cara se golpeó contra el parabrisas, lo cual hizo necesarios doce puntos de sutura para mantener su oreja unida a su cabeza. Cuando ella estaba temblando en la camilla en urgencias

con sus ojos abiertos como platos por el miedo, yo estaba desesperada por ayudarla a soportar el dolor y el trauma de toda la situación. Recurrí a la fantasía. «Erin, finjamos que vamos de viaje a cualquier lugar del mundo donde tú quieras. ¿Dónde? ¿Australia? ¡Muy bien! Ahora dime, ¿a quién quieres llevar contigo? ¿A nuestros amigos Terrica y Sharon? ¡Claro que sí! ¿A quién más? ¿Dónde querrás llevarles cuando lleguemos? ¿Qué haremos allí?». La fantasía siguió durante veinte minutos, el tiempo suficiente para que el médico terminase su proyecto de sutura. Mediante esa experiencia, recordé el modo en que nuestra imaginación es un regalo de Dios, un regalo que puede distraernos de un dolor grande cuando sea necesario.

2. **La fantasía puede motivarnos hacia una meta establecida.**
Amy acaba de perder 25 kilos y se siente mejor (y más sexy) de lo que se ha sentido en décadas. Cuando le pregunté cómo lo hizo, esperaba que ella me hablase de una intensa rutina de ejercicios o de una dieta especial que había seguido. Pero para mi sorpresa, ella respondió: «¡Fantaseé sobre mi camino hacia mi meta de pérdida de peso! Cada vez que comía, me imaginaba cómo me gustaría verme en mi cincuenta cumpleaños, ¡y naturalmente comía menos!».

3. **La fantasía nos ayuda a prepararnos para una transición en la vida.**
Cassie acudió a mí increíblemente preocupada por si debería casarse alguna vez, porque la idea del sexo era muy aterradora y repulsiva para ella. Cerca de los treinta años de edad, seguía experimentando tal ansiedad sexual que me preguntó: «Si llego a casarme, ¿podré pedirle que se corte "esas cosas"?». Yo investigué a qué «cosas» se estaba refiriendo y supe que ella se ponía físicamente enferma solo al pensar en que los testículos de un hombre «rebotasen sobre ella» durante el acto sexual. Le aseguré que *ningún hombre* estaría dispuesto nunca a hacer eso, ni siquiera por su esposa, y que cuando ella se enamorase, ¡nunca soñaría con pedir a ese maravilloso hombre que se castrara! Efectivamente,

Cassie finalmente se enamoró y se comprometió, pero seguía estando nerviosa por la luna de miel (y por cada noche después), así que comenzó a prepararse a ella misma mentalmente mediante el uso de la fantasía. Ella imaginaba repetidamente que disfrutaría del cuerpo de su esposo, y viceversa, de maneras muy santas y sanas, y que no habría ningún sentimiento en absoluto de ansiedad o repulsión con ninguna parte del cuerpo en particular. Después de la boda, Cassie proclamó con orgullo: «¡Nuestra luna de miel fue estupenda! Nada realmente me asustó, ¡gracias a los ejercicios mentales que usted recomendó!».

4. **La fantasía puede advertirnos sobre un posible acontecimiento futuro.**

Janie concertó una sesión de consejería pensando que había traspasado una línea horrible. Casi a diario era distraída por pensamientos de que un extraño particularmente alto, moreno y guapo podía subir al tren en el que ella viajaba a su casa. Le había visto un puñado de veces pero nunca se había relacionado con él. Cuando le pregunté qué línea había cruzado ella, admitió tener fantasías de que ese hombre pudiera entablar una conversación con ella, y que su relación «accidental de turismo» llegase a ser una aventura sexual. Yo pregunté: «¿Es eso lo que usted quiere?». Ella respondió con asombro y horror. «Entonces, si *no* es eso lo que quiere, ¿podría ser que el propósito de la fantasía sea sencillamente advertirle de que existe esa posibilidad, y alentarle a practicar una respuesta apropiada?». Unas semanas después, la atención de ese extraño fue ciertamente dirigida en dirección a Janie. Sin embargo, al dar la respuesta exacta que había estado practicando, Janie fue capaz de cortar de raíz una relación potencialmente inapropiada.

5. **La fantasía puede ayudarnos a soportar la separación.**

Cuando hablo a esposas de militares, siempre me hacen la pregunta: «¿Es correcto que fantasee sobre sexo con mi esposo cuando él está destinado en otro lugar?». Yo normalmente agarro a esa mujer por los hombros, le doy una juguetona sacudida y declaro: «¡Es mejor que lo haga!». En serio, ¿cómo podrían los cónyuges militares (tanto esposos como esposas) manejar una separación tan larga, dolorosa y temerosa el uno del otro si sintieran que es pecaminoso entretener pensamientos sexuales con el otro? No hay nada pecaminoso en los sanos pensamientos sexuales con su cónyuge, *nunca*, ¡incluso si solo ha salido a comprar durante una hora! Pero para los cónyuges que tienen que soportar una larga separación, la fantasía sexual puede mantener el fuego ardiendo hasta que sea posible una reunión sexual apasionada.

6. **La fantasía puede consolarnos a medida que envejecemos.** Cuando hice el anuncio en mi blog de que estaba escribiendo este libro, recibí un mensaje de correo electrónico de un hombre anónimo. Él explicaba: «A medida que envejecemos, me gusta dejar que mi mente vague hasta los viejos tiempos, cuando mi esposa me permitía mirar fijamente su cuerpo joven y hermoso, cuando ambos teníamos toda la fuerza y la energía necesarias para frecuentes satisfacciones en la tarde y maratones sexuales el fin de semana, cuando yo no estaba preocupado por si podría mantener una erección hasta haber cruzado la línea de meta. Recordar esos maravillosos tiempos que hemos compartido juntos evita que yo mire pornografía o codicie a otras mujeres (soy viejo, pero no estoy muerto), y por eso creo que la fantasía puede tener un buen propósito».

Ciertamente, la fantasía puede tener *muchos* buenos propósitos; por tanto, no la derribe por completo hasta haberla probado.

2

Los beneficios de establecer límites

Uno de mis mejores recuerdos de la niñez es jugar al bádminton con mi hermano mayor. Había un terreno vacío cerca de nuestra casa con inmensos nogales espaciados perfectamente para sostener una red de bádminton, así que pasábamos muchas horas dando golpes a la pluma alegremente a un lado y a otro de nuestro campo creado de modo casero.

Sin embargo, a mi hermano le gustaba ganar, y su percepción de las líneas limítrofes parecía ser un poco distinta a la mía. Si yo dejaba caer la pluma en mi lado del campo en algún lugar cerca de la línea, él insistía en que había «entrado» y que, por tanto, era punto para él. Pero cuando él dejaba caer la pluma en su lado del campo, insistía en que lo había hecho a propósito porque había caído «fuera de la línea».

A mí me enloquecía, pero jugaba solamente para disfrutar de su compañía, porque eso es lo que hacen las hermanas pequeñas. Pero creo que si hubiéramos pintado claramente las líneas limítrofes del campo en la hierba en ese terreno vacío, yo habría ganado más partidos, o al menos habría marcado algunos puntos más de los que me atribuyeron.

Tener líneas limítrofes más claras ayuda en la mayoría de situaciones, y abordar este tema de las fantasías sexuales no es distinto. A medida que he compartido esta visión con muchos amigos y colegas, la pregunta que más veces parezco recibir es: *¿Dónde trazaremos la línea?* O como preguntó un amigo en Facebook: *¿Cómo afrontamos nuestras fantasías sin ponerlas en práctica?*

Por tanto, antes de adentrarnos más profundamente, hablemos de algunos diferentes espectros y clasificaciones a fin de poder determinar qué tipos de actividades deberían ser considerados fuera del límite y establecer un espacio de juego seguro designado para nuestras actividades sexuales mentales. Algunas herramientas útiles para nuestra discusión incluyen:

- El espectro psicología/teología
- El espectro represión/expresión
- Tres tipos de fantasias sexuales

EL ESPECTRO PSICOLOGÍA/TEOLOGÍA

Parece que lo que aprendemos en clase de psicología y lo que podríamos aprender en la escuela dominical sobre el tema de las fantasías sexuales está a kilómetros de distancia. Y quizá ya te hayas preguntado: «¿Qué enfoque adopta Shannon de las fantasías sexuales? ¿Un enfoque psicológico? ¿O uno teológico?».

¿Puedo hacer una pregunta como respuesta? ¿Por qué tiene que ser una pregunta de uno u otro? ¿Por qué no puede ser una pregunta de tanto/como? En otras palabras, ¿no es posible adoptar una perspectiva *tanto* psicológica *como* teológica de las fantasías sexuales?

Yo creo que podemos hacerlo, y que seremos sabios si lo hacemos. Después de terminar un máster en consejería y relaciones humanas de la Universidad Liberty y haber terminado mi certificación como coach mediante American Association of Christian Counselors, ¡he aprendido que psicología y teología no siempre se contradicen!

En primer lugar, consideremos lo que dice la psicología sobre las fantasías. A continuación hay solo un par de ejemplos, tomados de mi libro de texto de sexualidad humana de la Universidad Liberty:

La fantasía es una manera segura de experimentar una actividad sexual que una persona podría no ser capaz de realizar moralmente, seguramente, legalmente o quizá físicamente en la vida real. El único límite es su imaginación.[1]

Debido a que nos permiten satisfacer nuestros impulsos sin límites ni convenciones sociales, las fantasías sexuales proporcionan una interesante ventana hacia nuestros instintos evolutivos.[2]

Para la mujer o el hombre cristiano, esta perspectiva puede parecer aterradora a primera vista, ya que va totalmente en contra de lo que se nos enseña en la Escritura. Sin embargo, el mismo libro de texto dice también:

Poner en prácticas las fantasías (puede ser) causa de preocupación si implica presionar u obligar a una pareja poco dispuesta, *si va en contra de su sistema de valores*, o si le sitúa a usted o a su pareja en *riesgo emocional* o físico.[3] (cursivas de la autora)

...usted puede controlar el contenido de la fantasía con deliberado guión, edición y personajes.[4]

En otras palabras, algunos psicólogos toman en consideración que si ciertas fantasías sexuales crean culpabilidad espiritual o inquietud interior a un individuo, eso es malo. Y la mayoría de psicólogos reconocen que no tenemos que permitir que las fantasías nos controlen. Somos mentalmente capaces de controlarlas, que es también lo que la Biblia nos alienta a que hagamos. Por tanto, pasemos al otro lado del espectro y consideremos lo que la Biblia tiene que decir sobre nuestros pensamientos mentales. Los siguientes pasajes en particular vienen a mi mente:

Ustedes han oído que se dijo: «No cometas adulterio». Pero yo les digo que cualquiera que mira a una mujer y la codicia ya ha cometido adulterio con ella en el corazón. Por tanto, si tu ojo derecho te hace pecar, sácatelo y tíralo. Más te vale perder una sola parte de tu cuerpo, y no que todo él sea arrojado al infierno. (Mateo 5.27–29)

¿No saben que los malvados no heredarán el reino de Dios? ¡No se dejen engañar! Ni los fornicarios, ni los idólatras, ni los adúlteros, ni los sodomitas, ni los pervertidos sexuales, ni los ladrones, ni los avaros, ni los borrachos, ni los calumniadores, ni los estafadores heredarán el reino de Dios. (1 Corintios 6.9–10)

A primera vista, ¡estos pasajes pueden ser incluso más aterradores que lo que enseña la psicología! ¿Que no vamos al cielo si pecamos sexualmente? ¿Que pecamos sexualmente sencillamente al mirar a alguien con lujuria? ¿Que tenemos que sacarnos el ojo si nos hace sentir lujuria? ¡Vaya! No es sorprendente, entonces, que muchos abandonen el cristianismo, ¡porque sienten que nunca estarán a la altura de normas tan irrealistas!

Pero pulsemos el botón de «pausa» e investiguemos un poco más estos pasajes para entender plenamente el cuadro general de lo que Jesús y Pablo estaban diciendo. Mi pastor, Doug Clark, de la iglesia Grace Community en Tyler, Texas, predicó recientemente un sermón sobre estos dos pasajes, y me ayudaron a darles más sentido que nunca antes.

Con respecto al texto de Mateo 5, Doug señaló que Jesús se estaba dirigiendo a la idea que tenían los fariseos de que ellos eran lo «bastante santos» para ganarse el cielo. Eso era ridículo, desde luego, porque solamente Jesús encaja en esa categoría. Le necesitamos a *Él* y la sangre que Él derramó por nosotros en la cruz para obtener la entrada al cielo. Por tanto, a fin de disipar el mito en las mentes de los fariseos de que la rectitud *de ellos*, particularmente de su propia pureza sexual, era suficiente para ganarse la salvación, Jesús utilizó la ilustración de mirar a una mujer con codicia, y dijo que ellos ya habían cometido adulterio con ella en sus corazones y sus mentes cuando hubieran hecho eso (Mateo 5.28). Jesús podría haber dicho, en otras palabras: «¡Oigan, muchachos! Esa cosita que hacen con tanta frecuencia... prácticamente cada día... sin ni siquiera notarlo... pensando que no hace daño a nadie o que no tiene ninguna consecuencia; ¡esa cosita es suficiente para descalificarles! No hay modo en que puedan ser lo bastante santos para ganarse la aprobación de Dios. ¡Me necesitan *a mí* para llegar al cielo!».

Desde luego, Jesús siguió explicando que esa «cosita» no es tan pequeña en su libro de normas. Él dijo: «si tu ojo derecho te hace pecar, sácatelo y tíralo» (Mateo 5.29). ¿Debemos tomarlo literalmente? Si lo hiciéramos, la Iglesia al completo iría de un lado a otro ciega, ¡y aun así *seguiríamos* codiciando en nuestros corazones y mentes debido al estado caído en el que vivimos! ¡La ceguera física no sería suficiente para curarnos de toda nuestra depravación sexual!

No, Jesús estaba utilizando lenguaje fuerte para establecer su punto: ¡debemos tomarnos en serio el pecado! Tomar en serio los pensamientos lujuriosos es la razón número 1 por la que escribo este libro.

En 1 Corintios 6.9–10, particularmente la parte sobre que los pervertidos sexuales no heredarán el reino de Dios, es fácil suponer que la pureza sexual es una cuestión de salvación. Quiero declarar que *no* es así como yo entiendo la Escritura. Al igual que Jesús les dijo a los fariseos que su pureza sexual no les *calificaba* para el cielo, también podemos suponer que lo contrario es cierto. ¡Tampoco su impureza sexual les *descalifica* para el cielo!

En este pasaje, Pablo se estaba dirigiendo a *creyentes* en Cristo que eran salvos; sin embargo, seguían actuando como quienes *no eran creyentes*, o como quienes satisfacían todo tipo de pecados egoístas porque no eran salvos o santificados. Pablo no les estaba diciendo a los creyentes: «Si hacen eso, ¡serán borrados de la lista de recepción del cielo!». Él estaba diciendo: «Debido a que ustedes *están* en la lista de recepción de invitados, ¡no deberían comportarse como quienes no lo están!».

Por tanto, repito: quiero dejar claro que la salvación no es cuestión de pureza sexual, sino estrictamente una cuestión de confianza en Cristo como tu Salvador personal. Sin embargo, la pureza sexual *es* (o debería ser) un subproducto natural de ser santificado, lo cual significa llegar a ser más santo sencillamente porque tenemos una íntima relación con el Espíritu Santo.

¿Cómo podemos hacer eso, ser hechos más santos, a la vez que caminamos en estos cuerpos sexuales, pensando esos pensamientos sexuales y batallando con esas fantasías e impulsos sexuales? Adoptando la estrategia de Pablo para la victoria en cualquier batalla espiritual que afrontemos:

Pues aunque vivimos en el mundo, no libramos batallas como lo hace el mundo. Las armas con que luchamos no son del mundo, sino que tienen el poder divino para derribar fortalezas. Destruimos argumentos y toda altivez que se levanta contra el conocimiento de Dios, y llevamos cautivo todo pensamiento para que se someta a Cristo. (2 Corintios 10.3–5)

¿Captaste eso? Con la ayuda de Dios, somos capaces de llevar cautivo *todo pensamiento* y hacerlo *obediente* a Cristo. Somos capaces de operar completamente dentro de nuestro sistema de valores, reducir nuestro riesgo emocional y controlar el contenido de nuestras fantasías con un deliberado guión, edición y personajes, tal como sostiene la psicología.

Por tanto, ¡quizá la psicología y la teología no estén tan apartadas, después de todo! Con eso en mente, avancemos para hablar de lo que debemos hacer con nuestros impulsos sexuales cuando surgen.

Meta más alta:
Las fantasías son normales y deberían sopesarse según la Escritura.

Sexualidad

Extremo liberal:
¡Todas las fantasías son correctas! ¡Disfruta!

Extremo legalista:
¡Todas las fantasías son pecado! No lo hagas, ¡nunca!

EL ESPECTRO REPRESIÓN/EXPRESIÓN

Cuando termino una conferencia, ocasionalmente se me acerca alguien que quiere charlar. No pasa mucho tiempo hasta que me doy cuenta de que esa persona se está preguntando lo mismo que se preguntan muchas otras. «¿Dónde está el interruptor? ¿Puedo sencillamente apagar el "interruptor de sexualidad" para no tener que batallar ya más con estas tentaciones?». Claro que podría parecer mucho más fácil si existiera tal interruptor; desgraciadamente, no existe. Mientras vivamos y respiremos, somos seres sexuales. Desde la cuna hasta la tumba. Sencillamente no podemos escapar a esta realidad.

Sin embargo, algunas personas lo siguen intentando, y otras podrían incluso tener éxito hasta cierto grado, pero ¿a qué costo? Esta negación de todo pensamiento y sentimiento sexual se denomina represión. Dictionary.com define *represión* como «el rechazo de la conciencia de ideas, recuerdos, sentimientos o impulsos dolorosos o desagradables».[5] En otras palabras, la represión se produce cuando no te permites a ti mismo experimentar ningún pensamiento o sentimiento sexual en ningún grado. Desgraciadamente, reprimir todo deseo sexual no funciona en absoluto. (Puedo escuchar al Dr. Phil preguntando: «¿Cómo está funcionando *eso* para ti?».) O funciona *demasiado* bien, dejándonos completamente adormecidos a *cualquier* deseo de tener una relación física con otro ser sexual (es decir, nuestro cónyuge).

Ese es un precio demasiado alto a pagar; la represión sexual completa no es una decisión sana para ningún individuo, especialmente si esa persona está casada.

Pero solamente porque no deberíamos o no podemos apagar por completo nuestros pensamientos sexuales no significa que tengamos derecho a dejarlos encendidos a toda velocidad, «expresarlos» según nuestro capricho y llevar a otros a relaciones sexuales disfuncionales con nosotros. La Biblia dice claramente que el acto de intimidad sexual fue diseñado estrictamente para el lecho matrimonial.

Si no estamos casados, seguimos siendo seres *sexuales*; sencillamente no somos sexualmente *activos*. Al menos así es como debe funcionar según el plan perfecto de Dios. Por tanto, una alternativa a la represión sexual para las personas solteras es la sublimación, definida como «el desvío de la energía de un impulso sexual u otro impulso biológico de su meta inmediata a otra de naturaleza o uso social, moral o estético más aceptable».[6] En otras palabras, en lugar de mirar pornografía y masturbarte o buscar a una pareja dispuesta con tus energías sexuales, canaliza esa misma energía hacia la pintura, la escritura, la danza, la canción u otro pasatiempo o plan más saludable. Algunas de las mayores obras de arte, libros y canciones han nacido sencillamente porque quien las originó estaba sublimando sus pasiones sexuales en lugar de expresarlas.

Cuando pienso en represión y expresión sexual, pienso en una gigantesca pelota de playa roja que es obligada a sumergirse hasta el fondo de una piscina. El principal problema es que no se quedará allí a menos que seas increíblemente vigilante para mantener algo pesado unido directamente a la parte de arriba de la pelota. En el segundo en que no sea obligada a permanecer abajo debido a un gran peso, rebotará hacia arriba rápidamente, no solo hasta la superficie, sino que saldrá del agua.

Piensa en algunos de los escándalos sexuales más infames de nuestra época que impliquen a cristianos, y este efecto de «pelota de playa» probablemente se haya manifestado en esas relaciones. Cuando los deseos sexuales fueron ignorados y reprimidos durante un largo período de tiempo, en el momento en que la vigilancia disminuyó, esos deseos subieron a la superficie con gran fuerza (y dolorosas consecuencias). De manera repentina y con fuerza fueron expresados en lugar de ser reprimidos.

Un enfoque más eficaz para manejar adecuadamente una pelota de playa sería sencillamente dejarla flotar de manera natural en la superficie del agua sin tensión para hacerla ir en ninguna dirección: arriba o abajo, represión poco natural o expresión malsana. Entonces no tendrá que luchar contra una fuerza gravitatoria tan fuerte, ni tampoco saldrá disparada de repente hasta grandes alturas cuando sea soltada. Simplemente flota en calma y serenidad, sin causar ningún daño a nadie.

Si podemos aceptar el hecho de que una pelota de playa se maneja mejor sencillamente dejándola flotar de manera natural sobre el agua, ¿no podemos aceptar también el hecho de que hay un terreno medio saludable para manejar nuestros propios deseos sexuales? ¿Que hay un balance en el que ni expresamos ni reprimimos deseos impuros, sino que aceptamos la naturaleza sexual de nuestra propia humanidad, sublimando los deseos sexuales cuando sea necesario, y descansando en la gracia de Dios para mantenernos directamente en el centro de la voluntad de Dios? Esa es sin duda alguna la meta.

Gary Thomas, autor del libro *Sacred Marriage* (*Matrimonio sagrado*), afirma que un balance sexual saludable significa permitirnos a nosotros mismos vivir en esta tensión entre reprimir y expresar nuestros deseos sexuales. Él afirma:

> A veces, los gerentes de una presa optan por permitir discurrir el agua con bastante libertad; otras veces la mantienen y dejan salir solamente un hilo de agua.
>
> Eso es lo que el matrimonio nos enseña a hacer. A veces es sano y bueno permitir que las pasiones matrimoniales corran libremente, incluso si tenemos temor a estar casi cruzando la línea hacia la lujuria. Algunas personas cometen el error de creer que debido a que se han quemado por su pasión y su hambre sexual, el antídoto es cortarla por completo. Hacen al sexo lo que un anoréxico hace a la comida: no quiero comer en exceso y engordar, y por eso no como nada en absoluto. Esta no es una actitud sana; es una actitud demente.[7]

¡Tener una actitud sana en lugar de una actitud demente hacia nuestra sexualidad es absolutamente clave!

Ahora que entendemos mejor la naturaleza de la sexualidad y la necesidad de tener un balance sano en el modo de manejar nuestras energías sexuales, examinemos diferentes tipos de fantasías que podemos experimentar.

TRES TIPOS DE FANTASÍAS SEXUALES

Como resultado de algunas conversaciones muy interesantes con algunos consejeros profesionales, en particular con Chris Legg, LPC, me gustaría proponer que hay tres palabras que describen mejor los diversos tipos de pensamientos sexuales:

- *Autoerótico*: produce automáticamente «excitación o placer sexual sin asociación con otra persona o estimulación externa intencionada»[8]
- *Erótico*: con la intención de excitar o satisfacer el «deseo sexual»[9] dentro del matrimonio mediante una actividad que es perfectamente aceptable para ambos cónyuges y no está expresamente prohibida en la Escritura
- *Ilícito*: «desaprobado o no permitido por razones morales o éticas»,[10] debido principalmente al contexto relacional al no estar los participantes casados el uno con el otro

Pensamiento autoerótico

Aplicando estas definiciones directamente a nuestras fantasías sexuales, la *fantasía autoerótica* incluye pensamientos sexuales que llegan a nuestro cerebro completamente de modo espontáneo. En otras palabras, no los provocamos mirando pornografía ni leyendo una novela romántica. El pensamiento simplemente llegó a nosotros, salido de la nada, ya sea en nuestros sueños o como pensamientos al azar.

¿Deberíamos sentirnos culpables por los pensamientos, sueños o fantasías autoeróticos? Muchos lo hacen, pero no hay absolutamente razón alguna para mortificarnos por lo que sucede de manera natural en nuestro cuerpo humano, incluso si esos pensamientos nos «encienden» sexualmente. Sencillamente podemos escoger no ponerlos en práctica. Yo creo que eso es lo que significa llevar cautivo un pensamiento a la obediencia a Cristo (2 Corintios 10.5).

Basándome en algunos estudios que encontré recientemente, sería imposible que los seres humanos no fuesen encendidos por los pensamientos al azar autoeróticos. Hay varios nervios que van directamente desde los órganos genitales a nuestro cerebro, de modo que los pensamientos que causan que las partes sexuales de nuestro cerebro se enciendan, ¡también van a encender nuestros lomos! Y cualquier sensación en nuestros genitales puede desencadenar que esos nervios envíen mensajes sexy al cerebro. En otras palabras, no podríamos apagar todos los pensamientos sexuales si lo intentásemos, al menos, desde luego, que cortásemos ese grupo de nervios.[11]

Por tanto, hagámonos un favor a nosotros mismos y renunciemos a la culpabilidad por *todos* los pensamientos sexuales. Es sencillamente irrealista esperar eso de nosotros mismos. ¡Es parecido a esperar que los elefantes renuncien a *toda* idea de cacahuates o que los monos renuncien a *todos* los pensamientos de bananas!

Pensamiento erótico

La siguiente categoría es el *pensamiento erótico*, el cual tiene como meta excitarnos intencionadamente a nosotros mismos o a nuestra pareja. Como persona soltera, entretener intencionadamente fantasías eróticas es como jugar con fuego, y quizá por eso el Cantar de los Cantares advierte: «no despertarán el amor hasta que llegue el momento apropiado» (2.7; 3.5; 8.4, NTV).

Pero si estás casado, claro que excitarte intencionadamente a ti mismo y a tu cónyuge es bueno. Me recuerda a una mujer de setenta y dos años que me llamó como respuesta a mi libro *The Sexually Confiden Wife* hace algunos años. Me explicaba que durante los primeros treinta años de su matrimonio, ella era sexualmente helada. En absoluto quería recibir los avances sexuales de su esposo porque tenía temor a desagradar a Dios con los pensamientos que recorrían su mente cuando practicaban sexo. Podrás imaginar el impacto que esa mentalidad causaba en su matrimonio. El tribunal de divorcios era la siguiente parada programada en su viaje relacional, hasta que su esposo le convenció para que visitara a un terapeuta.

Después de escuchar sus preocupaciones, el terapeuta sencillamente le preguntó: «Si Dios le creó con un cerebro que puede imaginar ciertos pensamientos y alimentar su propia energía sexual y su lecho matrimonial como resultado, ¿no es eso una *bendición* en lugar de ser una *carga*?».

Esta mujer proclamó: «Decidí que prefería renunciar a la culpabilidad en lugar de renunciar a mi matrimonio, ¡y me alegro mucho de haberlo hecho!». La mujer continuó: «Nuestra vida sexual a lo largo de los últimos veinte años ha sido increíble, ¡y tengo orgasmos más intensos a los setenta y dos años de edad que los que he tenido en toda mi vida!».

Recuerdo haber pensado: *¡Sí! ¡Quizá lo mejor esté por llegar!* En serio, me sentí muy agradecida por su valiente confesión, ¡y sus valiosas palabras de sabiduría! Se han quedado conmigo, y espero que también se queden contigo.

Pensamientos ilícitos

Sin embargo, tenemos que ser increíblemente cuidadosos cuando nuestras fantasías sexuales eróticas se convierten en *fantasías ilícitas*: aquellas que implican relaciones ilícitas o inapropiadas, ¡lo cual para los cristianos significa con cualquier persona con la que no estemos casados!

Esta definición de fantasías ilícitas puede ser desconcertante, porque los pensamientos sexuales de *muchas* personas con frecuencia encajan en esta categoría. En su libro *Who's Been Sleeping in Your Head: The Secret World of Sexual Fantasies* [Sexo y fantasías: La investigación más completa y reveladora sobre nuestro mundo sexual interior], Brett Kahr informa los resultados de su estudio a gran escala de las fantasías sexuales de 23,000 adultos:

- Alrededor del noventa por ciento de los adultos fantasea sobre otra persona distinta a aquella con la que practica sexo.
- El cuarenta y uno por ciento imagina sexo con la pareja de otra persona.
- El treinta y nueve por ciento fantasea acerca del sexo con un compañero de trabajo.
- El veinticinco por ciento fantasea con celebridades.[12]

Glup. ¿El noventa por ciento está fantaseando con alguien con quien no debería? Entonces, ¿no podemos simplemente declarar que fantasear con otra persona distinta a aquella con la que practicas sexo es perfectamente normal?

No, no podemos. Como cristianos, nuestras normas de «normalidad» se miden según la amorosa dirección de la Palabra de Dios, y no según la vida que vive la mayor parte del mundo, ni siquiera en el interior de sus cabezas.

El hecho de que la vasta mayoría de nosotros estemos fantaseando sexualmente con otra persona con la que no deberíamos tener una relación sexual es un indicador bastante claro de que: (a) hay muchas personas caminando heridas e intentando medicar su dolor emocional por medio de la fantasía sexual, y que (b) este libro debería haberse publicado hace mucho tiempo.

Estas tres categorías para clasificar nuestras fantasías (autoerótica, erótica e ilícita) deberían proporcionar un marco claro para examinar nuestros pensamientos sexuales y determinar si es necesaria hacer alguna edición mental. El siguiente test proporcionará cierta práctica y te ayudará a fijar este cuadro en tu mente.

Trazar límites

A continuación hay diez muestras de fantasías. Traza límites adecuados en torno a estas actividades clasificándolas como:

(a) Autoerótica: un pensamiento sexual al azar que se produce naturalmente sin estimulación externa; puede manejarse fácilmente y no debería causar culpabilidad.

(b) Erótica: una fantasía con la intención de excitarte a ti mismo o a tu pareja; no es necesario sentirse culpable mientras la actividad sea aprobada por ambos cónyuges.

(c) Ilícita: una fantasía sexual que no sería aprobada por tu cónyuge ni por Dios debido al contexto de la relación.

_____ 1. Un adolescente que experimenta sueños mojados gráficos mientras atraviesa la pubertad.

_____ 2. Una esposa que imagina que podría ser agradable intentar una nueva posición sexual con su esposo.

_____ 3. Un hombre que tiene un sueño sexual con su secretaria, pero nunca lo pone en práctica.

_____ 4. Una alumna universitaria que se masturba al pensar en practicar sexo con su profesor de la universidad.

_____ 5. Una pareja que decide utilizar imágenes pornográficas de otros para avivar las cosas en su dormitorio.

_____ 6. Una pareja que decide «representar» juntos ciertos personajes para añadir algo de variedad a su repertorio sexual.

_____ 7. Un hombre que observa entrar y salir a mujeres de un baño público, almacenando esas imágenes visuales para futuras fantasías de masturbación.

_____ 8. Una mujer que entra en la Internet para encontrar hombres que anhelen mimar su ego con ciberconversación provocativa.

_____ 9. Un esposo y su esposa que se van unos días de vacaciones para poder dar rienda suelta a todo el sexo que quieran sin tener niños en la casa.

_____ 10. Un esposo y su esposa que invitan a otra pareja a ir juntos de vacaciones esperando que eso pueda conducir a un intercambio de parejas.

Respuestas:

1. A
2. B
3. A
4. C
5. C
6. B
7. C
8. C
9. B
10. C

UN SENTIMIENTO DE SEGURIDAD REAL

Garantizado: la psicología nos dice que todas las fantasías sexuales son «seguras», y con eso sencillamente quiero decir que no hay riesgo alguno de enfermedades venéreas, ninguna oportunidad de un embarazo no deseado y ninguna inseguridad sobre si él/ella me respetará en la mañana.

Sin embargo, el comprender el modo en que Dios quiere que esposos y esposas se relacionen sexualmente nos dice que las fantasías sexuales pueden ser *demasiado* seguras. Cuando nos apoyamos en la fantasía en lugar de hacer el esfuerzo para conectar con otro ser humano, podemos fácilmente olvidar cómo arriesgarnos, cómo ser genuinos, cómo ser vulnerables y cómo amar. Fácilmente podemos encerrarnos en nosotros mismos, creando un vacío relacional que solamente nos deja sintiéndonos solos, aislados y finalmente deprimidos. Por tanto, trazar límites entre las fantasías apropiadas e inapropiadas es vital para la salud y la vitalidad de nuestras relaciones.

Quizá te estés preguntando: *¿Y si algunas de mis propias fantasías encajan en las categorías de inseguras o inapropiadas? ¿Entonces qué?* No sientas pánico. La meta de este libro no es juzgarte, llevar la cuenta de tus actividades mentales, ni siquiera decirte lo que es zona prohibida. La meta es ayudarte a profundizar más en el abundante simbolismo que hay detrás de tus fantasías, de modo que estés mejor equipado para hacerles frente y ganar en lugar de sentirse derrotado por ellas.

Por tanto, sigue leyendo a medida que exploremos más ampliamente las diversas facetas que hay detrás incluso de nuestras fantasías sexuales más ilícitas.

ENTRE BAMBALINAS: REENTRENAR NUESTRO CEREBRO

Cuando las fantasías sexuales se sienten más como una carga que como una bendición, el placer momentáneo que proporcionan puede palidecer en comparación con la ansiedad a largo plazo que crean. Pero con un esfuerzo enfocado, nuestro cerebro puede ser reentrenado para que vaya en direcciones alternativas (y que sigan siendo agradables).

Recuerda: una fantasía es simplemente una historia en nuestra cabeza, y *nosotros* somos los narradores de esas historias. Nosotros decidimos cómo toman forma las historias, qué personajes participan, cómo respondemos a ellas y cuánto tiempo durará la escena antes de que cumpla su propósito y baje el telón. Nosotros tenemos el control completo.

Siempre podemos distraer a nuestro cerebro de fantasías invasivas mientras realizamos nuestras tareas diarias. Los hombres especialmente tienen que llegar a ser maestros en esto, ya que los pensamientos sexuales se producen con mucha más frecuencia en el cerebro masculino.

Pero ¿qué sucede cuando realmente estás *practicando* sexo... y *sexo* es exactamente en lo que quieres pensar? ¿Puedes evitar o incluso silenciar por completo las fantasías no deseadas? Sin duda, tienes esa capacidad sencillamente:

- *Tomar tu tiempo.* Con frecuencia recurres a las fantasías cuando sientes la necesidad de acelerar el proceso y correr hasta la línea de meta. Los límites de tiempo crean estrés, y el cerebro con frecuencia recurre a la fantasía simplemente como una manera de manejar ese estrés. Elimina por completo el estrés de la falta de tiempo, y puede que elimines también la necesidad de las fantasías.
- *Abrir tus ojos.* Si te inquieta el modo en que tu mente se va alejando de tu cónyuge en dirección a otra persona, abre tus ojos, enciende una luz tenue y haz regresar tu cerebro a la realidad. Esa es tu persona amada, tu lecho matrimonial, tu momento para deleitarte y ser deleitado en presencia de tu pareja. Escoge deleitarte en esta realidad en lugar de hacerlo en una fantasía no deseada.
- *Hacer participar tu sentido del oído.* La música es una herramienta increíblemente sensual, especialmente para las mujeres, que normalmente son estimuladas por lo que *oyen* más que por lo que *ven*. Al poner música que te resulte íntimamente relajante o incluso vigorizante, tu cerebro piensa en la letra y en la melodía en lugar de pensar en una fantasía externa. Si la música te resulta

demasiado molesta para centrarte en tu pareja, sencillamente permítete a ti mismo hacer sonidos mientras hacen el amor. ¡Los sonidos vocales de una pareja cargada sexualmente que disfrutan profundamente el uno del otro pueden ser toda la excitación que necesitas!

- *Cambiar de posiciones.* Tu cerebro puede comenzar a vagar cuando estás demasiado cómodo en la cama, al igual que puede hacerlo en clase cuando estás demasiado cómodo en nuestro pupitre. Al mover tu cuerpo y que haya un mayor flujo sanguíneo, estimulas al cerebro para que permanezca enfocado en el tema.

- *Enfocarte en tu respiración.* El cerebro puede ser estimulado para concentrarse en lo que estés haciendo sencillamente respirando profundamente algunas veces, centrándote en tu inhalación y exhalación. Al igual que la respiración profunda nos ayuda a permanecer mentalmente presentes, enfocados y alertas durante el ejercicio físico o mientras conducimos un auto, lo mismo es cierto en el dormitorio.

- *Interrumpir el ciclo de recompensa.* Si no quieres tener un orgasmo mediante pensamientos que finalmente producen culpabilidad y vergüenza, entonces no lo hagas. Nadie te apunta con una pistola en la cabeza hasta que alcances el clímax. Explica a tu cónyuge que puede que decidas alejarte momentáneamente de la experiencia sexual para darte un baño caliente o tomar una taza de té, o realizar otro ritual relajante. No alientes al cerebro a entretener ciertas fantasías dándoles recompensa con una respuesta orgásmica. Cuando te sientas más en control de los pensamientos que están en tu mente, regresa a hacer el amor. Esto podría requerir cierta práctica, pero es una manera efectiva de enseñarle a tu cerebro lo que *tú* quieres encontrar agradable, y no a la inversa.[13]

Si disfrutas de cierta fantasía, pero algún elemento específico de ella te molesta, prueba a alterar la historia tan solo algunos grados para ponerla en consonancia con tus valores morales o tu zona de comodidad. Por ejemplo, puedes alterar toda una historia al:

- *Cambiar la dinámica.* Quizá quieras asegurarte de que nadie se vea forzado o herido en tu fantasía. En lugar de ser la víctima de un atacante o abusador, cambia la fantasía para que sea meramente un juego de rol en el que tú estés *fingiendo* ser la víctima pero sepas que en realidad tienes el control completo de todo lo que esté sucediendo. En lugar de violar o seducir a otra persona en contra de su voluntad en tu fantasía, cámbialo de tal manera que tuvo lugar un acuerdo previo y ahora solo están *jugando* duro para conseguirlo, pero sabes sin duda alguna que la intención es tener un encuentro sexual mutuamente consentido.

- *Cambiar la edad de los personajes.* Si la fantasía te hace participar a ti como el personaje de un niño o un adolescente con un adulto (como es a menudo el caso con las víctimas de abuso sexual), haz que el adulto tenga unos años menos y tú mismo tengas unos años más cada vez que la fantasía venga a tu mente, hasta que las edades estén lo bastante cerca para que la experiencia sexual ya no sea considerada sexualmente abusiva de ninguna manera.[14]

- *Cambiar la identidad de los personajes.* Al igual que la estrella de cualquier programa tiene un suplente, puedes siempre sustituir a tu cónyuge como la estrella principal en tus fantasías. El sexy profesor universitario puede resultar ser tu esposo, después de todo. (¿Quién sabía que se veía tan bien con esa barba canosa y esa montura de carey de sus lentes?) O tu esposa puede hacer el papel mental de la muchacha caliente en el vestíbulo del hotel que no puede quitarte los ojos de encima. (Hablaremos más sobre roles y arquetipos en el capítulo siguiente.)

Considera estas sugerencias como disciplinas mentales para ayudarte a fortalecer tu carácter sexual. Y al igual que cualquier otro ejercicio para fortalecer, requerirán práctica y perseverancia. Puede significar que no llegues al clímax con tanta rapidez como antes cuando las fantasías recorrían tu cerebro sin pasar por ningún filtro y sin ser evitadas. Pero el enorme orgullo y placer que experimentarás al integrar por completo tus pensamientos, tu vida sexual y tu vida espiritual, bien valdrá la pena haber invertido cada gramo de energía mental.

3

Los rostros tras las fantasías sexuales

Al menos un par de veces por semana, doy un paseo en bicicleta de seis kilómetros a lo largo de un camino de una comunidad cercana. Paso al lado de docenas de personas a lo largo del camino, anunciando siempre: «Paso por su izquierda», como cortesía y para evitar un choque.

Ocasionalmente, me acerco a alguien que va caminando y pienso: *¿No conozco a esa persona?* Pero simplemente no puedo asegurarlo al ver solamente su espalda. Por tanto, cuando paso por su lado en la bicicleta, miro hacia un lado para ver su rostro. Solo entonces lo reconoceré como un amigo familiar o como un completo extraño.

Mirar la cara de alguien es la única manera de identificar a esa persona, y lo mismo es cierto en nuestras fantasías. Sin embargo, hay varios rostros a considerar, y no solo el objeto de nuestro pensamiento íntimo. Hay cinco rostros que necesitamos examinar si queremos entender completamente las múltiples capas de nuestras fantasías: Satanás, el objeto, el arquetipo, el yo y Dios.

«¡EL DIABLO ME HIZO HACERLO!»

Aunque es fácil suponer que todas nuestras fantasías sexuales son sencillamente la manera que Satanás tiene de atacarnos, seamos sinceros. A veces,

Satanás no necesita ninguna ayuda. Nosotros somos perfectamente capaces de caer presas de nuestras propias fantasías inapropiadas. Jesús dijo que los malos pensamientos no vienen de *fuera* de nosotros mismos, sino de *nuestro propio corazón* (Marcos 7.21). Pero es mucho más fácil pasar la pelota y culpar a Satanás, ¿verdad? De ese modo no tenemos que asumir responsabilidad de nuestros propios pensamientos y actos.

Aunque Satanás es sin duda responsable de muchas distorsiones sexuales, de lo cual hablaremos en un momento, no seamos lo bastante paranoides para pensar que hay un demonio esperándonos detrás de cada esquina. He aprendido que Satanás y su banda de demonios están limitados en tamaño y fuerza. Su población no ha aumentado porque los demonios no son físicamente capaces de reproducirse.

Satanás y sus demonios no son omnipresentes ni omniscientes como lo es Dios. En otras palabras, ellos no pueden estar en todo lugar al mismo tiempo, y aunque pueden ver nuestras acciones, no pueden leer nuestra mente o conocer nuestros pensamientos más íntimos. Podemos descansar seguros en la verdad de 1 Juan 4.4: «el que está en ustedes [Dios] es más poderoso que el que está en el mundo [Satanás]».

Sin embargo, no podemos cometer el error de subestimar por completo el poder de Satanás. Recordemos lo rápidamente que él hizo su movimiento para estropear las cosas para nosotros y que nuestra sexualidad fue su principal objetivo.

En Génesis 2.24–25 vemos cómo Dios dio a Adán y Eva el regalo perfectamente sublime de su sexualidad, y les dio rienda suelta para disfrutar plenamente del cuerpo el uno del otro sin culpabilidad, vergüenza o inhibición:

> Por eso el hombre deja a su padre y a su madre, y se une a su mujer, y los dos se funden en un solo ser. En ese tiempo el hombre y la mujer estaban desnudos, pero ninguno de los dos sentía vergüenza.

El primer paso de Dios hacia el cumplimiento de su plan divino y general fue formar los cielos y la tierra, proporcionando un lugar para que la humanidad habitase. Su segundo paso fue la creación del hombre y la mujer, del matrimonio y el sexo. Este patrón y plan produciría lo que Dios más anhelaba: personas a las que pudiera revelarse a sí mismo y con las que tener una relación.

Pero no pasó mucho tiempo hasta que Satanás intentase construir un tipo de relación muy diferente con aquellas mismas personas. En el siguiente capítulo, vemos a Satanás meterse en el huerto del Edén con un astuto plan para confundir primero a Eva, y después a Adán, acerca de la expectativa de Dios de que ellos *no* debían comer del árbol del conocimiento (Génesis 3.1–6).

La Escritura nos dice que cuando Adán y Eva desobedecieron a Dios, sus ojos fueron abiertos a su propia desnudez, y se llenaron de tal vergüenza que sintieron la necesidad de cubrirse y ocultarse de Dios (Génesis 3.7–10). Esa fue la primera falacia que Satanás introdujo en la mente humana: que nuestro cuerpo y nuestra sexualidad son algo de lo que deberíamos avergonzarnos.

Pero no se detuvo ahí. A medida que el libro de Génesis continúa su relato, vemos a Satanás distorsionando la sexualidad aún más mediante la introducción de otras siete falacias:

- poligamia (Génesis 4.19)
- homosexualidad (Génesis 19.5)
- fornicación (Génesis 38.16–18)
- violación (Génesis 34.2)
- prostitución (Génesis 38.15)
- incesto (Génesis 19.30–32)
- seducción malvada (Génesis 39.7)

Tener más de un compañero matrimonial, participar en el sexo con alguien del mismo sexo, satisfacer el sexo fuera del matrimonio, el sexo como un acto de fuerza, el sexo como un acto de intercambio, tener relaciones íntimas con alguien lo bastante joven como para ser tu hijo o lo bastante viejo para ser tu padre, utilizar el atractivo sexual para atraer a alguien hacia un acto prohibido; ¿acaso no están formadas las fantasías sexuales más ilícitas precisamente de estas cosas? Es momento de que despertemos al hecho de que jugamos según los planes de Satanás cuando aceptamos esos tipos de fantasías como normales o simplemente como alimento para orgasmos más intensos.

Algunas de nuestras fantasías sexuales están directamente en línea con esos pensamientos distorsionados sencillamente porque somos hijas e hijos caídos de Adán y Eva. Sin embargo, entender el significado más profundo que hay detrás del *porqué* esas actividades resultarían atractivas para alguien en un principio puede ser increíblemente revelador. Quizá incluso liberador, lo creamos o no. Si te resulta difícil imaginarlo, los siguientes capítulos puede que contengan una gran cantidad de sorpresas para ti.

Pero por ahora, sigamos adelante para considerar otros rostros más obvios.

LOS ROSTROS EN NUESTRAS FANTASÍAS

Las personas comúnmente suponen que cuando experimentamos un sueño, una fantasía o un pensamiento al azar, la experiencia mental realmente se trata de la persona cuyo rostro vimos, o de nuestra relación con esa persona.

¿Quiénes son esas personas que invaden nuestras fantasías? Eso puede cambiar de día en día, o incluso de hora en hora. Como mencionamos en el capítulo anterior, esos rostros son con mucha frecuencia otras personas que no son nuestro cónyuge, normalmente la pareja de otra persona, un vecino, un amigo, un compañero de trabajo, una celebridad, o quizá alguien a quien no reconocemos en absoluto, más bien una figura misteriosa o una imagen compuesta.

En una primera mirada a nuestro mundo de fantasías, si reconocemos el rostro puede que nos entre pánico y nos preguntemos: *¿Por qué sueño/fantaseo con esa persona? ¿Qué significa esto?* Pero es necesario algo más que una primera mirada. Fantaseamos como la manera de satisfacer necesidades psicológicas inconscientes, de modo que el rostro identificable no es en absoluto tan importante como el papel que ese rostro está desempeñando en nuestro escenario mental.

Una mejor pregunta que plantear sería: «¿Qué papel desempeña esta persona en mi fantasía? ¿Qué está haciendo, y por qué se aventuró mi cerebro en esa dirección?».

¿POR QUÉ ESTÁS AQUÍ?

Los psicólogos denominan *arquetipos* a esos papeles imaginados, los cuales se definen en psicología de Jung como «una idea, patrón de pensamiento, imagen, etc. inconsciente colectivamente heredado, universalmente presente en las psiques individuales».[1]

En su libro *Inner Work: Using Dreams and Active Imagination for Personal Growth*, Robert Johnson nos da mayor perspectiva sobre los arquetipos y los papeles que desempeñan en la mente del individuo. Con frecuencia hay una guerra entre varios personajes, como el niño o la madre, el caballero y la doncella, o el monje y el borracho.

> Podríamos decir que representan posibilidades humanas, aspectos de características humanas que son comunes a todos.
>
> Aquí encontramos los *arquetipos*: los patrones o tendencias universales en la conciencia humana que se abren camino a nuestras psiques individuales y nos forman. Son en realidad los ladrillos psicológicos de energía que se combinan para crear la psique individual. Aquí está el tipo del niño, el tipo de la madre, la virgen universal, y la prostituta universal, todos ellos discurriendo por la personalidad de un individuo.
>
> En nuestros sueños [y fantasías], se unen al arquetipo del héroe o la heroína, el sacerdote, el canalla. Cada uno de ellos añade una riqueza diferente a nuestro carácter y tiene una verdad distinta que decir. Cada uno representa nuestra versión propia e individual de las fuerzas universales que se combinan para crear una vida humana.[2]

Otro modo de entender los arquetipos es sencillamente imaginando los rostros en nuestras fantasías como nada más que pantallas de proyección. Los papeles que asignamos a esos rostros/pantallas vienen de nuestra propia colección de películas mentales. Por tanto, la fantasía no se trata de esa persona en particular. Se trata de lo que esa persona representa en tu mente o en cómo reconoces ciertas características de esa persona que están presentes (o ausentes) en tu interior.

Esas pantallas de proyección y películas mentales son las que proporcionan el material más abundante para las sesiones de consejería. Muchos clientes acuden a mí *después* de haber cruzado una línea, después de haber actuado sexualmente con el objeto de su fantasía. Le dieron a esa otra persona demasiado poder y enfoque en la pantalla de proyección en lugar de dárselo a la película que se estaba proyectando en su cabeza todo el tiempo. Siempre que buscas a otra persona como la solución a tu problema de fantasía, solamente estás complicando el problema, añadiendo más capas de bagaje emocional que solucionar.

Piensa en la naturaleza de una pantalla de proyección. Es un objeto inanimado; no puede hacerte daño. Solamente cuelga en la pared y te permite proyectar sobre ella todo lo que tú quieras. La pantalla no tiene preferencia ni voluntad propia, de modo que no plantea ninguna amenaza o daño. Si la reconocemos tal como es, solamente una pantalla y nada más, no sentiremos la necesidad de tener pánico cuando nuestras películas mentales comienzan a proyectarse. En cambio, podemos centrarnos en la película y no en la pantalla.

Si todos tratásemos nuestras fantasías de ese modo quitando de ellas la conmoción y el aguijón y reconociendo la verdadera dinámica que se produce, no sentiríamos la necesidad de actuar inapropiadamente con la persona con la cual fantaseamos. Sencillamente nos enfocaríamos en la película que se está proyectando, y no en el objeto, la pantalla o el rostro que aparece en la película.

Dicho de otra manera: piensa si entrases en una habitación y agarrases a un adolescente proyectando una película pornográfica en una pantalla. No te enojarías con la pantalla ni la culparías, ¿verdad? No, verías el problema en la película que se está proyectando, y más concretamente en la persona que escogió la película, ¿no es cierto?

Cuando se trata de nuestras fantasías, *nosotros* somos quienes escogimos la película. La pantalla sencillamente nos permite reconocer qué película se está proyectando. Este proceso proporciona pistas sobre la trama que intentamos proyectar en otros, pistas sobre el «trabajo en el alma» personal al que nuestro inconsciente nos está invitando.

¿Prestarás atención y verás y escucharás las películas de tu vida? ¿Aceptarás la invitación a exponer el significado más profundo que hay detrás de tus pensamientos sexuales y les permitirás que te sanen, en lugar de hacerte daño?.

Yo hice frente a esas mismas preguntas hace más de una década. Quedé asombrada por mis propios pensamientos aterradores cuando comencé involuntariamente a fantasear acerca de un hombre en particular que vivía cerca. Le llamaré Zach. Este hombre frecuentemente llamaba a la puerta y preguntaba si podía cazar pájaros en nuestro terreno. Pero antes de dirigirse hacia los bosques con su rifle, regresaba para hacerme participar en largas conversaciones.

Confieso que inicialmente me empapaba de la atención como si fuera una esponja seca. Me sentía bien por tener a alguien que quisiera charlar conmigo, pues eso aliviaba parte de mi soledad; pero también robó demasiadas de mis neuronas y comenzó a carcomer mi suave conciencia.

Sentada en la mecedora del porche con mi esposo una tarde, con lágrimas confesé que había estado teniendo pensamientos cargados emocionalmente acerca de Zach, y pedí rendirle cuentas para nunca ponerlos en práctica.

Greg respondió: «Shannon, tú eres quien está estudiando consejería y terapia Imago, que enseña que ciertas personas encajan en un "molde mental" sobre la base de las relaciones de la niñez. ¿No lo entiendes? Zach encaja en tu molde mental. Él es igual que tu hermano, y se comporta como tu papá. No se trata en absoluto de Zach. Se trata de ti y de tus relaciones con esos hombres importantes en tu vida. Soluciona eso, y solucionarás el problema de las fantasías».

Yo quedé anonadada porque Greg había dado justamente en el clavo. Zach era solamente mi pantalla de proyección. Yo no tenía que tener miedo a la pantalla (aunque puede que él hubiera estado proyectando algunas de sus propias películas mentales también en mi pantalla, así que la precaución no era una mala idea). Yo tenía que prestar atención a la película que yo misma estaba proyectando sobre él.

Después de pensar en oración, me di cuenta de cuál era la trama de mi película. Atención y conversación eran cosas que yo había anhelado tener más con mi papá y mi hermano cuando era pequeña. Pero permitir que Zach intentase llenar ese agujero en lugar de acudir a la fuente no solo era una proposición peligrosa, sino que finalmente habría sido una empresa sin ningún fruto. Lo más probable es que hubiese conducido a algún tipo de aventura emocional o sexual, lo cual me habría hecho sentirme horrible conmigo misma y habría causado una brecha incluso mayor entre mí misma y los hombres en mi vida, no solo mi papá y mi hermano sino también mi esposo. No, yo no había perdido mis llaves de la satisfacción bajo la farola de Zach. Las había perdido en mi familia de origen, y allí era el único lugar lógico donde buscar.

Por tanto, en lugar de permitirme a mí misma quedarme atrapada en conversaciones con Zach, coherentemente hacía que fuesen breves, dulces y al grano, y después regresaba a la casa, dejándole a él en el patio con su rifle en la mano, si era necesario. También comencé a invitar a mis familiares para tener reuniones sociales con más frecuencia, de modo que pudiéramos comenzar a construir más recuerdos juntos y construir relaciones más fuertes.

Por tanto, en cierto modo, tengo que estar agradecida por esa fantasía. Fue una increíble experiencia de aprendizaje acerca de lo que mi alma realmente anhelaba. Me reveló una necesidad sentida en mi vida, afortunadamente mientras aún había una oportunidad de sanar esa herida. Muchas personas nunca llegan a entender eso hasta *después* de que su ser querido ya no está vivo para construir una mejor relación.

Además de reconocer esos otros rostros en nuestras fantasías como meramente pantallas de proyección, veamos también un poco más de cerca el denominador común entre la mayoría de todos nuestros pensamientos sexuales: nosotros mismos.

EL HOMBRE (O LA MUJER) FRENTE AL ESPEJO

Como mencioné anteriormente, culpar a Satanás por pensamientos inapropiados sería mucho más fácil que lo que estoy a punto de sugerir, pero si realmente queremos sacar a la luz el significado más profundo que hay detrás de nuestras fantasías sexuales, se necesita algún «trabajo en el alma».

A fin de considerar las raíces de nuestro propio pensamiento, debemos permitirnos a nosotros mismos descender hasta los lugares oscuros, los lugares difíciles, que nosotros (nosotros mismos y la Iglesia) hemos intentado diligentemente evitar en el pasado. Debemos aprender a vivir en la tensión que con frecuencia crean nuestras fantasías. Debemos identificar no solo la superficie de la fantasía, sino también identificar la *fuente* misma de la tensión interior; en otras palabras, por qué nos sentimos como nos sentimos acerca de los pensamientos que tenemos. Eso solamente puede descubrirse cuando descendemos a algunos de los abismos inexplorados de nuestra alma.

En *A Little Book on the Human Shadow*, Robert Bly dice que cuando nacemos, recibimos una bolsa muy grande que arrastramos tras nosotros.[3] Pasamos la primera mitad de nuestra vida llenando esa gran bolsa de nuestros propios paradigmas y secretos personales, y pasamos la segunda parte de nuestra vida eliminando precisamente esas cosas, una cada vez, sacándolas a la luz, examinándolas e intentando darles sentido. Al hacerlo, a veces somos capaces de desaprender las falacias que hemos adoptado a lo largo del camino, y de llegar a ser una persona más saludable y segura en el proceso.

Una de las cosas que yo creo que con frecuencia ponemos en esa gran bolsa es la idea de que somos «todo bueno» o «todo malo»; un extremo o el otro. No se necesita mucho para entender que no podemos ser todo bueno todo el tiempo, así que deducimos que debemos de ser todo malo. Esta idea de que debemos existir en uno de los extremos del espectro o en el otro sigue siendo otro ejemplo de pensamiento radical. Tal dicotomía se remonta a lo que expliqué mediante el sueño del león en la introducción a este libro; no podemos ser demasiado liberales o demasiado legalistas. Debemos encontrar un balance sano en medio de esos dos extremos.

El modo de remediar ese pensamiento de dicotomía es aceptar el hecho de que no somos ni lo uno ni lo otro. Somos *ambos*. Todos poseemos una «brillante luz» interior porque estamos hechos a imagen de Dios, pero también poseemos una «sombra del yo» interior debido a la caída del hombre. Somos una combinación de bueno y malo, de luz y de oscuridad, de esperanza y de desesperanza. Nuestras fantasías sin duda reflejan eso, ¿no es cierto?

Ignorar esta sombra del yo va a tener el mismo efecto que ignorar a un niño que está desesperado por obtener atención. Solamente se volverá más ingobernable hasta que sea reconocido. Yo creo que ignorar esta sombra del yo hasta el punto de que *demande* atención es exactamente lo que ha causado que muchos líderes cristianos (y seguidores) tropiecen y caigan de cabeza en sórdidas aventuras amorosas y humillantes escándalos sexuales. ¿Qué hubiera sucedido si líderes como Bill Clinton, Jim Bakker, Jimmy Swaggart y Ted Haggard hubieran hecho una pausa lo bastante larga no solo para *preguntar* sino también para *responder* la pregunta: «¿Por qué soy tentado a actuar sexualmente con esta persona, qué película mental estoy intentando proyectar en ella?».

A veces, lo más inteligente que debe hacerse es simplemente dejar de ignorar nuestra sombra del yo, girarnos y hacerle frente, reconocer su presencia, y decir: *Muy bien, te veo. No tienes que seguir acosándome. Tienes mi atención. ¿Qué es lo que quieres exactamente? ¿Qué quieres enseñarme con tu presencia? ¿Cómo puedo ayudarte?*

Cualesquiera que sean los sentimientos que surjan, salúdalos, independientemente de lo aterradores o dolorosos que puedan ser. Agarra cada emoción como si fuera un niño que llora. Abrázala. Atiéndela. Consuélala. Hazte amigo de tu sombra del yo en lugar de rechazarla. Con este nivel de sinceridad personal, puede que seas capaz de traer a la conciencia lo que tu inconsciente ha estado intentando decirte todo el tiempo mediante tus pensamientos y tus sueños.

En su libro *Inner Work*, Robert Johnson explica el razonamiento que hay detrás de la relación que la mayoría de nosotros tenemos con esta sombra del yo:

> El modo en que la sombra aparece en un sueño [o fantasía] depende de la actitud del ego. Por ejemplo, si la actitud de un hombre es amigable hacia su sombra interior, y está dispuesto a crecer y cambiar, su sombra con frecuencia aparecerá como una amiga útil, una «compañera», una hermana tribal que le ayuda en sus aventuras, le respalda y le enseña capacidades. Si él está intentando reprimir la sombra, normalmente aparecerá como un enemigo odioso, un bruto o un monstruo que le ataca en sus sueños. El mismo principio se aplica a la mujer. Dependiendo de cómo sea su relación con su sombra, puede aparecer como una hermana amorosa o como una aterradora bruja.[4]

Yo creo que sí es posible ser amigo de nuestra sombra del yo y llevar sanidad a esos abismos inexplorados de nuestra alma teniéndola en mente, dándole tiempo y espacio para que nos diga por qué existe. No creo que Dios crease a los seres humanos para que pudiéramos meter nuestra cabeza en la arena cuando vemos algo en nosotros mismos que parezca miedoso o inductor de vergüenza. Después de todo, no hay ningún lugar donde poder acudir, ningún sitio donde escondernos, donde podamos alejarnos de nosotros mismos o de nuestra sexualidad. Pero quizá podemos aprender a hacer frente con valentía a nuestras profundidades inexploradas, a observar nuestros pensamientos y fantasías sexuales, y asignarles un significado preciso sin quedar atrapados en ellos o ser barrido por ellos.

Con la dirección del Espíritu Santo, podemos mantener esas recurrentes imágenes mentales fuera de nosotros mismos, «deshumanizarlas» y analizarlas con la sabiduría no solo de un investigador, sino del inventor. Sí, nosotros hemos inventado esos productos de nuestra propia imaginación, y tenemos la llave para desentrañar sus misterios.

Como la autora de este libro, te autorizo a explorar esos abismos. Nadie sino tú mismo puede hacerlo, ni siquiera el mejor de los consejeros o líder espiritual. Ninguna otra persona puede conectar los puntos que necesitan ser conectados a fin de reconocer el cuadro general. Ninguna otra persona puede narrar de modo preciso la historia que es singularmente tuya.

EL ROSTRO QUE NOS ATRAE

El rostro final que necesitamos explorar es obviamente el más importante: el de Dios. Por extraño que pueda parecer, creo que si retiramos cada capa de cada fantasía, descubriremos que en el centro de nuestros deseos sexuales existe un anhelo espiritual mucho más profundo.

> La búsqueda de la pureza no se trata de la supresión de la lujuria, sino de la reorientación de la vida de la persona hacia una meta mayor.
> —Dietrich Bonhoeffer

Lo que finalmente anhelamos no es un encuentro íntimo con carne y sangre que al final envejece y se pudre. Ese es un mal sustituto. Lo que finalmente anhelamos es un encuentro íntimo con el eterno Espíritu de Dios. Nunca estaremos satisfechos conformándonos con menos.

Sin embargo, a veces lo hacemos. Nos conformamos con lo que este mundo tiene que ofrecernos en el aquí y ahora, porque perdemos nuestra visión de lo que será el mundo siguiente: nuestro perfecto hogar celestial, donde el dolor no resuelto ya no existirá y el empuje gravitacional del pecado y la separación de Dios ya no tendrá efecto alguno sobre nosotros.

Y cuando sí nos conformamos, ¿cuál es la actitud de Dios hacia nosotros? Cuando Él es testigo de la multitud de imágenes provocativas que recorren nuestro cerebro, intentando medicar el dolor de ser una criatura caída que vive en un mundo caído, ¿posee su rostro una expresión de asombro? ¿De horror? ¿De desdeño? ¿De indignación?

Enfáticamente no. Para tener una imagen totalmente clara del rostro de Dios cuando batallamos con nuestros pensamientos y tentaciones sexuales, solamente necesitamos leer Hebreos 4.14–16:

> Por tanto, teniendo un gran sumo sacerdote que traspasó los cielos, Jesús el Hijo de Dios, retengamos nuestra profesión. Porque no tenemos un sumo sacerdote que no pueda compadecerse de nuestras debilidades, sino uno que fue tentado en todo según nuestra semejanza, pero sin pecado. Acerquémonos, pues, confiadamente al trono de la gracia, para alcanzar misericordia y hallar gracia para el oportuno socorro. (RVR60)

¿Captaste eso? Jesús ha caminado por esta tierra, envuelto en la misma carne cargada hormonalmente en la que Dios nos ha envuelto a nosotros. Él ha estado aquí, ha experimentado ese empuje gravitacional. Él entiende. Él se identifica. Él nos da la bienvenida a su presencia. Él ofrece misericordia, gracia y amor incondicional. La expresión en su rostro es la de pura *compasión*.

Buscar el rostro de Dios mediante el cuerpo de Cristo

A las personas con batallas sexuales con frecuencia les resulta difícil conectar a un nivel espiritual íntimo con otros, pero esa es precisamente la mejor receta para entender y vencer cualquier problema. Nuestras heridas sexuales se originan en *las relaciones;* por tanto, es más probable que encontremos sanidad en las relaciones.

Pero es fácil mirar al mar de rostros que llenan los bancos y suponer: *¡Esas personas realmente lo tienen todo enderezado!* Esa dulce familia con seis hijos a los que educan en casa y una camioneta, de ninguna manera han tenido que tratar nunca con pensamientos o conductas sexualmente inapropiados en su santo hogar. Ese hombre tan inmaculadamente vestido con su traje hecho a medida y sus zapatos brillantes, sin duda su dinero le ha aislado de la disfunción sexual. Esa mujer que lleva el vestido verde de lunares y su collar de perlas, seguramente su esposo es el único hombre al que ella piensa en besar con sus labios color rojo rubí.

Es fácil para la mayoría de personas entrar en cualquier iglesia y pensar: *No hay nadie aquí que batalle con pensamientos, sentimientos y fantasías sexuales como batallo yo. Ni una única persona podría posiblemente entenderlo, así que ¿por qué molestarme en venir aquí? ¿Para poder ocultarme detrás de una máscara y revolcarme en privado en mi culpabilidad personal? No, gracias. Puedo hacer eso yo solo en casa.*

Si eso es lo que piensas sobre la Iglesia, me gustaría asegurarte confiadamente que tu impresión es, con sinceridad, totalmente equivocada. Esas familias que educan a sus hijos en casa con frecuencia tienen esqueletos sexuales en sus armarios que se remontan a múltiples generaciones. Muchos de esos hombres de negocios bien vestidos son atraídos hacia mi consulta de consejería por sus esposas para quitar las capas de sus adicciones a la pornografía. Y esas señoras con labios color rojo rubí con frecuencia me confiesan que están batallando con pensamientos y fantasías sexuales que harían poner los cabellos de punta.

Realmente no son distintos a ningún otro ser sexual en el planeta.

Todos tenemos nuestras luchas. Todos tenemos nuestros secretos. Somos mucho más parecidos que diferentes.

Me encantaría poder mover una varita mágica e impactar completamente la cultura eclesial en todo el mundo, haciendo que sea ampliamente conocida como el lugar donde ir para que se produzca sanidad sexual. Pero sencillamente no tengo esa influencia. Soy una escritora, con una sola voz.

Soy lo bastante ambiciosa para creer que si puedo influenciar solamente a un líder espiritual para que abra las líneas de comunicación acerca de todas las cosas sexuales con su congregación... o a un seguidor de Cristo para que abra líneas de comunicación con su cónyuge, su hijo o un amigo u otro creyente, entonces verdaderamente podemos cambiar el mundo matrimonio a matrimonio, familia a familia, congregación a congregación.

Dios recientemente me dio un destello claro como el agua del rostro de la compasión mientras estaba hablando en un retiro para mujeres. Cuando mujeres de todo tipo de trasfondos adoraban juntas, la letra de una canción en particular hizo sonar un ligero acorde de lamento en mi corazón. Mientras cantábamos sobre anhelar sentarnos a los pies de Jesús y compartir momentos íntimos con Él, culpabilidad de mi pasado levantó su fea cabeza como si aún tuviera un lugar en mi vida. (No tiene, ya que Jesús eliminó esa culpabilidad en la cruz hace mucho tiempo, pero le sigue gustando fingir en ocasiones.)

Yo susurré a Dios: «Lamento el modo en que he corrido a otros hombres en el pasado, buscando compartir momentos íntimos con *ellos* por satisfacción en lugar de correr *a ti*, Señor».

Tuve una visión mental de una pequeña niña en un supermercado, buscando la seguridad de su mamá o su papá, equivocando la pierna de una persona extraña por la de uno de sus padres, abrazando ese muslo con sus brazos y después levantar la vista y darse cuenta de su error de juicio, de sentirse mortificada, asustada y más perdida que nunca, y después reconocer a su verdadero padre más adelante en el pasillo, ¡y correr a toda velocidad hasta sus brazos!

Sentí a Dios preguntar: *¿Recuerdas cuando tu hija cometió ese mismo error?* Claro que sí, recordaba que había sucedido con mis dos hijos en más de una ocasión. *¿Y qué sentiste tú hacia tu hijo en ese momento, Shannon? ¿Enojo? ¿Traición? ¿Repugnancia?*, preguntó Dios. Claro que no. *Yo tampoco siento enojo, traición o repugnancia por tus errores. Me causas mucho deleite al reconocerme y correr hacia mí ahora, y eso es lo único que me importa*, explicó nuestro amoroso Padre celestial.

Con frecuencia fantaseamos y corremos hacia muchas otras fuentes para obtener el consuelo y el solaz que solamente Dios puede dar. Y *seguimos* terminando perdidos y anhelando más de lo que es posible a este lado del cielo. Pero es maravilloso saber que a pesar de lo que hayamos abrazado con nuestros brazos en el pasado, ¡Dios actualmente y para siempre nos dará la bienvenida con brazos abiertos! Solamente Él puede satisfacer plenamente los desesperados deseos del corazón humano. Incluso los míos. Y sí, incluso los tuyos.

ENTRE BAMBALINAS: LAS CAPAS DE SOLEDAD DE SOPHIA

Mientras Sophia estaba saliendo con Simon, le idolatraba por completo. Visiones de vestidos de novia blancos y cercas de madera blanca flotaban en su cabeza enferma de amor noche y día. Ella no podía esperar a llegar a ser su esposa, al igual que los cuentos de hadas de Disney que le habían fascinado de niña.

Pero mientras ella fantaseaba sobre cómo sería la vida de casada, nunca soñó con varias realidades amargas que finalmente aparecieron, como el hecho de que cuando Simon llegaba a casa estresado por el trabajo, lo cual sucedía a menudo, buscaba refugio en sus juegos de video o en la televisión.

Muchas semanas, él había desperdiciado de quince a veinte horas participando en esos escapes mentales, dejando a Sophia increíblemente sola y rechazada. Debido a que sus padres cristianos le habían enseñado a «someterse a su esposo», ella no sentía que tuviera derecho a demandar una relación mejor. A medida que sus sentimientos de soledad y desesperación fueron más profundos, el cerebro de Sophie gravitó de modo natural mucho más allá de su valla de madera blanca. Ella comenzó a fantasear con algunos de los amigos de Simon, quienes parecían mucho más maduros y emocionalmente disponibles en comparación. No solo había uno en particular más disponible emocionalmente, sino que él también se ofrecía a sí mismo físicamente en momentos oportunos.

«Yo sabía en mi corazón que tontear con uno de los mejores amigos de mi esposo era un movimiento necio, pero mi cabeza lo justificaba de muchas maneras:

- Nadie tiene por qué saberlo.
- Incluso si Simon se enterase, ¿cómo puede culparme a mí?
- Él haría lo mismo si le dieran la oportunidad.
- Me merezco sentirme amada y deseada.
- Quizá este es mi billete para salir de este miserable matrimonio.

Desgraciadamente, no fue el billete de Sophia para salir del matrimonio, porque ese amigo se sentía tan culpable después que dejó de visitarles. Otro de los amigos de Simon, completamente inconsciente de lo que había sucedido anteriormente (¿o no lo era?), vio que Sophia estaba increíblemente frustrada en su matrimonio y supuso correctamente que también debería de estar sexualmente frustrada. Él la buscó, y a Sophia le encantaba la atención y se lo puso fácil, a pesar del hecho de que sabía lo doloroso que demostró ser tal error la última vez. La historia volvió a repetirse, y ese amigo finalmente dejó de estar a su lado. Fue entonces cuando Sophia atrajo a otro buen amigo a su vacío emocional.

«Después de esa tercera aventura, supe que no habría manera de salvar nuestro matrimonio. "Me engañas una vez, debería darte vergüenza; me engañas dos veces, debería darme vergüenza; me engañas una tercera vez, momento del divorcio". Estaba llena de amargura y animosidad hacia Simon por todo lo que él había hecho (¡o *no* había hecho!), Pero él también tenía todo el derecho a sentirse del mismo modo hacia mí por lo que yo había hecho», concedió Sophia entre lágrimas.

Aunque Simon desempeñó un extenso papel para causar que Sophia se sintiera tan sola en su matrimonio, yo desafié a Sophia a pensar por qué la fantasía de estar con otro hombre la sintió tan abrumadora que realmente la puso *en práctica*, tres veces, lo cual había hecho mucho más daño que bien a su propia autoestima. Me preguntaba si ella reconocía el modo en que había utilizado su atractivo sexual y su cuerpo para luchar por la atención y el afecto que anhelaba.

«La fantasía nunca se trató de practicar sexo con esos hombres, aunque ocasionalmente se dirigió hacia esa dirección, tanto como de sencillamente que ellos quisieran estar conmigo, hablar conmigo, llegar a conocerme y que pensaran que yo era interesante... no, que me consideraran absolutamente *irresistible*», dijo Sophia.

«¿No era eso algo que podrías haber esperado más de tu esposo?», le pregunté yo.

«Sí, pero no sabía cómo luchar por ello. Ni siquiera sabía cómo *pedirlo*. Supuse que él sencillamente lo sabría. Pero cuando él no lo captó, escogí enojarme y actuar como pasiva agresiva. No funcionó. Eso solamente le capacitó para mantener su cabeza en la televisión o en la pantalla de la computadora», explicó Sophia.

Aunque la tentación siempre está en pensar lo que la *otra* persona hizo mal y por qué, normalmente un uso mucho mejor del tiempo y de la energía es pensar en por qué *nosotros* actuamos del modo en que lo hacemos en las relaciones, y por qué fantaseamos hacia ciertas direcciones. A veces, la única manera de eliminar las capas de desilusión y desengaño es alejarse por completo de todas las distracciones. Entonces podemos descubrir con más facilidad cuál es el factor impulsor central que hay detrás de nuestras fantasías y tentaciones, y podemos acudir mentalmente a nuestros pensamientos y sentimientos más profundos acerca de nosotros mismos, y más especialmente acerca de nosotros mismos en relación con otras personas.

Le sugerí a Sophia que tomase cuatro días libres para pasar tiempo a solas con Dios, con sus propios pensamientos y con la pequeña niña herida atrapada en su cuerpo de adulta para poder descubrir su propio factor impulsor interior. Después de terminar mi frase, escuché literalmente su suspiro al otro lado del teléfono, y después hubo un silencio mortal durante varios segundos.

«Sophia, ¿qué estás pensando y sintiendo en este momento?», le pregunté.

Necesito unos momentos, y después respondió: «Pánico».

«¿Por qué sientes pánico? ¿Qué hay en este ejercicio que te dé miedo?», dije yo.

Después de tomarse bastante tiempo para recorrer sus propios pensamientos, al final habló. «Me está resultando difícil respirar en este momento. La idea de estar completamente a solas me aterroriza».

«¿Por qué, Sophia? ¿Sucedió algo en algún momento en tu vida cuando te dejaron sola?».

«No. Es solo que nunca he estado sola, al menos no exitosamente», respondió ella.

«Dime qué quieres decir con "no exitosamente"», le pregunté.

«Yo fui una hermana del medio, y por eso siempre había un hermano mayor o menor alrededor. Mi madre no trabajaba fuera de la casa, así que siempre estaba por allí también. Cuando me castigaban, mi mamá me enviaba a mi cuarto para que estuviese sola, pero yo hacía tal pataleta que ella cedía y al menos dejaba abierta la puerta y ponía música para calmarme. Yo era una niña que me portaba muy bien simplemente porque la idea de que me mandasen sola a mi cuarto me aterrorizaba».

«¿Y qué edad tenías cuando te casaste con Simon?».

«Éramos bastante jóvenes, pero yo pensaba que estaba totalmente preparada para el matrimonio, aunque creo que quizá me casé con Simon tan joven en la vida en parte porque no podía soportar el pensamiento de vivir yo sola, ni siquiera en una habitación en la residencia universitaria», dedujo ella.

«Y cuando las atenciones de Simon estuvieron totalmente consumidas por otra cosa que no eras tú, ¿te sentías sola aunque él estuviera en la sala?».

«Así me sentía exactamente, pero no sumé dos más dos para darme cuenta de que su desconexión emocional me hacía sentirme con tanto miedo como si estuviera físicamente yo sola».

«¿Tenía que viajar a menudo Simon por trabajo?».

«No, escasamente. Pero la única vez en que no estuvo en la noche fue cuando sucedió la primera aventura amorosa. No me di cuenta de que mi ansiedad por permitir que ese amigo estuviera en nuestra casa mientras Simon estaba fuera se trataba más de aliviar mi pánico por estar sola que de practicar sexo con otra persona. No creo que fuera eso lo que yo realmente quería, pero obviamente era lo que él quería, así que me dejé llevar para mantenerle a mi lado todo el tiempo posible».

«Entonces, cuando el primer amigo desapareció, ¿cómo manejaste la pérdida y el regreso de tu soledad?», le pregunté.

«En lugar de quedarme sentada pensando en ello mientras Simon veía la televisión, decidí salir con mis amigas. Así fue como comenzó esta segunda aventura amorosa, cuando me encontré con otro de los amigos de Simon cuando estábamos fuera aquella noche. Realmente no se trataba tampoco de sexo con él. Yo solamente quería mantener su interés en llegar a conocerme... en estar conmigo. Vaya, eso no me resultó nada bien», reconoció. «Ahora Simon también se siente increíblemente solo, porque he asustado a sus dos mejores amigos al mantener aventuras amorosas con ellos. Me siento horrible».

Le pregunté a Sophia si pensaba que la historia podría seguir repitiéndose si ella no tomaba el control de su abrumador temor a estar sola. Ella reconoció el patrón y pudo predecir fácilmente que el futuro sería más de lo mismo si algo no cambiaba en el presente. «Supongo que nunca podré confiar en que ningún esposo esté al cien por ciento físicamente y emocionalmente disponible para mí las veinticuatro horas del día, ¿verdad?», entendió.

Esos días a solas fueron increíblemente difíciles, pero Sophia se las arregló para pasar cuatro días a solas sin nada más que su Biblia, su diario y sus pensamientos y sentimientos más profundos. Ningún televisor, teléfono, Internet o iPod. Solamente ella y Dios.

«¡Sobreviví!», dijo Sophia orgullosa de haber conquistado un temor que la había perseguido por más de veinte años. «El primer par de días me sentía totalmente extraña, pero a medida que me asenté con mi Biblia y mi diario, comencé a reconocer el modo en que Dios *siempre* estaba con su pueblo, cuidando de ellos constantemente, dándoles victoria en las batallas, proveyendo milagrosamente para sus necesidades y persiguiéndoles con su extravagante misericordia y amor incondicional. Le pregunté a Dios si Él también me tiene a mí de tal manera ante sus ojos, y los días tercero y cuarto pude *sentir* su presencia rodeándome como si fuera una manta hecha a mano».

Le pregunté a Sophia cómo se sentía ahora al estar sola. Ella respondió: «No me gusta, pero sé que sobreviviré y que probablemente creceré mucho más como resultado. Hasta que me sienta bien con estar a solas, en realidad no está bien que tenga una relación con nadie. No puedo esperar que nadie me conozca hasta que yo me conozca a mí misma, y voy a seguir buscando a Dios para lograr eso, ya que Él es quien me creó en un principio».

Pornografía: La fábrica de fantasías

Eran las 5:00 de la mañana y yo sencillamente no podía dormir. El impulso era tan abrumador que sabía que sería inútil intentar volver a dormir. Así que cedí.

Salí de puntillas del dormitorio, recorrí el pasillo y entré en la sala, donde tenía más intimidad, intentando todo el camino que no crujiera el piso por temor a despertar a mi esposo o a mi hijo. Ellos no necesitaban saber lo que yo estaba haciendo.

Abrí mi computadora, presioné el botón de encendido, entré en línea para hacer una búsqueda en Google, y encontré exactamente la película que buscaba. Durante semanas había estado anticipando verla, y ahora, en las silenciosas horas de la madrugada, disfrutaría en soledad. Me quedé sentada y fascinada durante los doce primeros minutos, hipnotizada por las gráficas imágenes que había en la pantalla. No había visto ni oído nada parecido antes. Era un festín para mis sentidos.

Pero entonces me sobresaltó el sonido de pasos que giraban desde la cocina, y en la puerta estaba mi esposo de casi dos metros de altura, con sus manos en las caderas y asombrado por qué estaría yo viendo a las cinco de la madrugada. Entró en la habitación, acercó una silla a la mía, y suavemente giró la pantalla de mi computadora en dirección a él para satisfacer su curiosidad. Una cobarde sonrisa y levantar mis hombros fue lo único que pude ofrecer como respuesta.

Segundos después, cuando Greg entendió lo que yo estaba viendo, una gran sonrisa recorrió su cara, levantó sus ojos y dijo: «¡Oh, vaya! ¡Eres una obsesa, Shannon! ¡Eres la única persona que conozco que se levantaría en la madrugada para ver un especial de NOVA en la televisión pública sobre interpretar sueños!».

Lo confieso: soy un poco obsesa con respecto a eso. El tema de los sueños y las fantasías me ha situado en una implacable búsqueda de cualquier información útil que pueda encontrar.

Desgraciadamente, las fantasías también han puesto a muchos otros en algunas búsquedas implacables, a veces en las oscuras horas de la noche, pero obviamente por razones muy distintas. Mi amiga Elle Emerson (es su alias) se dio la vuelta en su cama una fría noche de diciembre para descubrir que su esposo no estaba. Al oír el sonido de la televisión, bajó las escaleras de puntillas y miró a hurtadillas. Ella explica: «Las imágenes que vi en la pantalla me dan escalofríos; imágenes increíblemente crudas y gráficas. Pornografía, bienvenida a nuestro hogar como algo que beber antes de dormir, había abierto la puerta al corazón de mi esposo y estaba devorando su alma. Arrodillándome, clamé: "Por favor, ¡detén esto! ¡Me estás rompiendo el corazón!". Incontrolables sollozos se escaparon desde un lugar profundo en mi interior a la vez que me iba corriendo a nuestro dormitorio y suplicaba a Dios que salvase nuestro matrimonio».

Elle más adelante escribió la siguiente entrada en su blog para alentar a parejas que están atrincheradas en una falacia de fantasías similar:

Yo lloré la primera vez que vi la película *Una mente maravillosa*. No podía creer lo mucho que la vida de un hombre que vivía con esquizofrenia y la lucha de su esposa por ayudarle se parecía tanto a la vida de un esposo que lucha con el quebrantamiento sexual y su esposa intentando amarle en todo eso. Las similitudes, asombrosas.

En *Una mente maravillosa*, la imaginación de John se ha dirigido hacia la autodestrucción. A medida que la esquizofrenia devora lentamente su mente, también amenaza con destruir el amor que comparte con su esposa. Dicho sencillamente, John lentamente va perdiendo su agarre de todo lo que es real y hermoso en su vida.

No nos equivoquemos; la pornografía en la Internet es la cocaína de las adicciones sexuales. Entra en el cuerpo mediante los ojos a la velocidad de la luz, dando un golpe de endorfinas tan potente que saca la libido sexual del hombre cada vez que él decide fijar su vista en imágenes con carga sexual. La pornografía obtiene un punto con cada hombre, cada vez, garantizado. Y en el proceso, las relaciones sanas entre esposos y sus esposas son a veces destruidas. Los hombres caen mucho más de lo que nunca habrían imaginado. Algunos hombres obtienen la total destrucción de todo lo que atesoraban en su vida. La muerte de un ministerio. La muerte de un sueño. La muerte de un matrimonio. La muerte de una mente maravillosa. La muerte de todo lo que es real para él.

Los hombres que utilizan pornografía están enganchados a las fantasías. Y están enganchados al arrebato sexual que obtienen al utilizar pornografía para la liberación sexual. Pero la falsa intimidad y la verdadera intimidad nunca debieron coexistir de modo pacífico en el mismo corazón. Los seres humanos no fueron jamás creados para vivir con tal duplicidad.

En la película, cuando Alicia entiende que John ha perdido su sentido de realidad, ella sabe que la única manera de poder ayudarle es mostrarle la diferencia entre lo que es real y lo que es fantasía. Alicia le dice a John: «¿Sabes lo que es real? Esto». (Ella acaricia la cara *de él* con su mano.) «Esto». (Ella acaricia su propio cabello con la mano de él.) «Esto». (Ella pone su mano en el corazón de él.) «Esto es real... Quizá la parte que conoce el despertar del sueño... quizá está aquí».

Alicia entonces le ruega a John: «Necesito que creas que algo extraordinario es posible».

¿Lo ves? Alicia sabe que una mente maravillosa sale de un corazón que vive para *lo que es real* en lugar de vivir para una fantasía.

Cuando un hombre está enganchado a la pornografía y está metido hasta la cintura en el enfermizo fango del quebrantamiento sexual, necesita a alguien extraordinario que despierte su corazón otra vez a lo que es real. Cuando una mujer es traicionada y siente que su corazón se ha congelado, necesita a alguien extraordinario que la lleve de nuevo a la vida. Jesús es justamente el hombre para esas dos tareas. Solo Él puede hacer lo extraordinario.[1]

Desde luego, no siempre es el esposo quien está enganchado al porno. Yo soy coach de muchas mujeres que están viviendo en su propio mundo derribado por la pornografía, luchando por encontrar la libertad que anhelan.

La ruta más rápida a la libertad es retirar el velo de lo que en realidad sucede en la fábrica de fantasías de la pornografía, tanto en los actores (los exhibicionistas) como en la audiencia (los que miran).

LO QUE ES REAL PARA LOS EXHIBICIONISTAS

Los actores porno con frecuencia recurren a hacer películas debido al increíble arrebato emocional que sienten cuando alguien les encuentra notables, o «dignos de la cámara». Y no *solo* una persona, sino toda una audiencia que les ve. A primera vista, se trata de ser notados y estar dispuestos a hacer *cualquier cosa* para que eso suceda, a pesar de lo doloroso o lo degradante que ese *cualquier cosa* pueda ser.

Aunque yo no he conocido personalmente a un gran número de hombres o mujeres en la industria de la pornografía, he tenido ocasión de hablar con algunas mujeres mediante algunos ministerios de grupos de apoyo. Si existe un hilo común entre quienes han estado dispuestos a desnudar su cuerpo por causa de la «satisfacción» (y uso esa palabra ampliamente) de las fantasías de otras personas, es que se han sentido increíblemente rechazados o descuidados en el pasado. Muchos son adolescentes que han huido o que fueron expulsados de su casa por un padre violento, de modo que no se trata solo de estrellato sino también de supervivencia. La mayoría ya han sufrido abuso sexual, así que la idea de tener sexo con un extraño delante de una cámara por un cheque de mil dólares se prefiere a estar de pie en una fila en un comedor de beneficencia. Una película se convierte en tres o cuatro al mes, y la prostitución es otra avenida de ingresos rápidos para el noventa por ciento de las estrellas del porno.[2] Pronto están ganando más dinero del que jamás pensaron que fuese posible, y así bebiendo y consumiendo más drogas que antes, al principio por la emoción, pero más adelante debido a que tienen que adormecerse por completo para hacer lo que se espera de ellos delante de la cámara.

Si eres bastante valiente para echar una mirada al interior del verdadero mundo de las estrellas de la pornografía, lee *The Empire of Illusion*, por Chris Hedges. En un capítulo titulado «La ilusión del amor», Hedges expone:

- Una escena de cuarenta y cinco minutos requiere trece horas de grabación, de modo que las mujeres están agotadas, y sus vaginas y anos quedan desgarrados, doloridos y sangrantes cuando termina la filmación.[3]
- A las estrellas femeninas del porno se les paga por simular orgasmos, porque llegar al clímax en el decorado *nunca* sucede bajo una coacción tan humillante.[4]
- Las estrellas masculinas toman Viagra o se inyectan un agente endurecedor en una vena en el pene para mantenerlo erecto durante horas cada vez, lo cual también se vuelve necesario en casa cuando practican sexo con sus novias.[5]
- Lo común que es que las mujeres se queden embarazadas, tengan abortos, y contraigan enfermedades venéreas (incluyendo VIH), principalmente porque los productores no quieren que los actores se pongan condones. Es demasiado caro ajustar con Photoshop las escenas.[6]

Puede que te preguntes: *¿Por qué importa eso? ¡Yo no soy una estrella del porno!* Recordemos que los actores del porno son personas con necesidades emocionales y espirituales profundamente sentidas, al igual que todos nosotros. Si como Iglesia pudiéramos encontrar maneras de mostrarles cómo *sanar realmente* las heridas que les han conducido hacia tal exhibicionismo, y mostrarles maneras más capacitadoras personalmente para ganarse la vida, imagina lo mucho más sanas que podrían ser sus vidas personales, ¡por no mencionar las vidas de sus hijos! (Sé que es difícil imaginar que las estrellas del porno tengan vidas personales e hijos a los que criar, pero ellos realmente existen en esta tierra por más razones aparte de solo alimentar fantasías ilícitas.)

Cuando pienso en las impensables atrocidades que los seres humanos soportan para alimentar a las fábricas de fantasías, tanto las colectivas como las mentales en las mentes de ávidos consumidores, no puedo evitar sentirme increíblemente entristecida por cómo nos han timado. Simplemente no hay mayor falacia de las fantasías que la industria de la pornografía. Chris Hedges explica con mucha elocuencia:

Las películas pornográficas no se tratan de sexo... No hay actuación porque a ninguna de las mujeres se les permite tener lo que es una personalidad. La única emoción que se les permite mostrar es un deseo insaciable de satisfacer a los hombres, especialmente si ese deseo implica la degradación física y emocional de la mujer. La iluminación en las películas es fuerte y clínica. El vello púbico se rasura para dar a las mujeres el aspecto de muchachas más pequeñas o de muñecas de plástico. El porno, que se anuncia como sexo, es una extraña y degradada pantomima del sexo. Los actos en pantalla están por encima de la capacidad humana. Los escenarios son absurdos. Los cuerpos cuidados y mejorados, los inmensos pechos artificiales, los labios excesivos, las erecciones que nunca cesan y los cuerpos esculpidos son irreales. El maquillaje y la producción enmascara los defectos. No hay gotas de sudor, no hay arrugas, y no hay imperfecciones humanas. El sexo es reducido a un estrecho espectro de dimensiones esterilizadas. No incluye el sudor frío y húmedo de cuerpos humanos, el golpe de un pulso, de una respiración, o de ternura. Quienes están en las películas son marionetas, productos empaquetados como mujeres... La pornografía no promueve el sexo si el sexo se define como un acto compartido entre dos personas. Promueve la masturbación. Promueve la autoexcitación en solitario que es preludio de la intimidad y el amor. La pornografía se trata de satisfacerse a uno mismo a expensas de otro.[7]

Lamento si esta mirada desde el interior está haciendo pedazos tus ilusiones de que la pornografía es un estupendo afrodisíaco, pero creo que es importante que los cristianos seamos conscientes del cuadro general, especialmente cómo estamos usando y abusando de otros seres humanos por nuestras propias satisfacciones sexuales y cómo está afectando negativamente nuestra capacidad de experimentar genuina intimidad sexual en nuestro matrimonio.

Por tanto, en lugar de desperdiciar más tiempo o energía centrándonos en el *fruto* de las fantasías sexuales (como navegar buscando ciertas imágenes pornográficas), quizá sea momento de considerar las *raíces*, comenzando con las razones profundas por las que somos tentados a mirar pornografía en un principio.

LO QUE ES REAL PARA QUIENES MIRAN

¿Por qué estamos tan fascinados los seres humanos con las imágenes sexuales gráficas? La respuesta superficial es porque nos hacen calentarnos, nos excitan, y ponen en marcha nuestros motores.

Pero no vamos a detenernos en las respuestas superficiales en este libro. Vamos a ahondar. La mayoría de nosotros sabemos qué imágenes sexuales nos encienden, pero pocos sabemos por qué. Esta información es absolutamente vital para nuestro crecimiento espiritual y emocional. Después de todo, ¿cómo podemos llevar cautivos nuestros pensamientos a menos que reconozcamos la verdadera naturaleza de esos pensamientos y busquemos entender plenamente de dónde proceden? ¿Cómo podemos ser libres de su atadura si ignoramos la tenaza que tienen sobre nosotros?

> El cincuenta por ciento de todos los hombres cristianos y el veinte por ciento de todas las mujeres cristianas son adictos a la pornografía.[8]

A lo largo del pasado año, me he relacionado con tres individuos de los que me gustaría hablarte. Aunque provienen de trasfondos muy distintos, todos tienen una cosa en común. Cada uno es adicto a alguna forma de pornografía. Aunque estos no son sus verdaderos nombres, permite que te los presente:

- Mitch, un líder cristiano en su iglesia y su comunidad, quien ocasionalmente se pone un disfraz y conduce hasta un bar de topless en las afueras de la ciudad

- Megan, una preadolescente que se masturba varias veces por semana con imágenes en la Internet de otras mujeres que se masturban
- Tammy, que utiliza la computadora de su empresa para ver pornografía cuando viaja, diciéndose a sí misma que eso es mejor que quedarse en el bar del hotel y correr el riesgo de una aventura amorosa real

Cada una de esas personas se ha hecho las mismas preguntas: si soy cristiano, ¿por qué sigo haciendo esto? ¿Por qué no me ha dado Dios la fortaleza para dejarlo?

Aunque Dios *es* perfectamente capaz de librarnos milagrosamente de nuestras adicciones sexuales, no es así como normalmente funciona el proceso. Dios nos invita a participar

> «El sexo comienza en la mente y viaja hacia abajo».[9]
> —Dr. Michael J. Bader

plenamente en esta obra de sanidad con Él, para nuestro propio crecimiento y beneficio. Una importante cantidad de trabajo en el alma es necesaria por nuestra parte, pues si no nunca dejaremos el dolor de la adicción o el dolor que nos conduce hacia la pornografía en primer lugar. Los «Doce pasos para la recuperación» de la página 189 te ayudarán a comenzar este proceso.

Por ahora, sugiero que comiences considerando las siguientes preguntas:

- ¿Qué tipos de imágenes encienden tu fuego lo quieras o no?
- Cuando sientes la necesidad/deseo de estimularte sexualmente, ¿cuáles son algunas de las imágenes mentales en las que sabes que siempre puedes confiar para lograr esa meta?
- Dados los escenarios, ¿cuáles son las emociones subyacentes que más probablemente intentes apagar, ampliar o equilibrar con tales fantasías?
- Pensando tan atrás como puedas recordar, ¿cuándo recuerdas sentir esas emociones en particular anteriormente?
- ¿Qué mensaje podrían esas emociones haber intentado enviarte?

A continuación está el modo en que esas preguntas han ayudado a nuestro panel de «expertos» a descifrar la fuerza impulsora exacta que hay detrás de su propias adicciones a la pornografía.

Lo que es real para Mitch

Mitch, el líder cristiano que ocasionalmente acude a un bar de topless, dice que nunca se sienta delante para mirar embobado a las muchachas de cerca. Él prefiere que una amorosa señorita vestida con lencería se acerque a él en la parte trasera de la sala, ansiosa por charlar con él a nivel profundamente personal sobre sus pensamientos, sentimientos y luchas; algunas sexuales, y otras no. «Es el interés que ella muestra en mí y la seguridad que yo siento lo que me excita sexualmente», entiende Mitch.

No tuvo que batallar mucho cuando le pregunté: «¿Cuándo te has sentido tan desinteresado para una audiencia femenina que necesites esta fantasía para experimentar excitación sexual? ¿Y hasta dónde se remonta ese sentimiento?».

Él dijo: «La tentación de ir a ese club es más fuerte cuando mi esposa y yo nos desconectamos, especialmente si llegamos a un punto en nuestra relación en que casi cada tema es un tema sensible. Cuando ella está molesta conmigo, sencillamente no puedo llegar a excitarme sexualmente. Me siento como un tipo que no sabe cómo hacer feliz a una mujer, así que voy a un bar donde puedo pagar para tener a alguien que disipe ese mito en mi mente».

Mitch continuó: «Puedo recordar sentimientos parecidos cuando yo tenía unos nueve años de edad. Solía sentarme en un taburete apoyado en la pared de nuestra cocina, divagando por horas acerca de casi

> «El sexo es la panacea para la mayoría de los problemas en nuestra cultura, especialmente para los hombres. Quieren resolver cada problema, aliviar cada incomodidad y escapar a cada tensión con sexo. Pero utilizar el sexo como una solución nunca nos permite llegar a la raíz del problema. En lugar de tomar repetidamente analgésicos para detener los dolores de cabeza, sería mejor que en primer lugar examináramos el *porqué* tenemos dolores de cabeza recurrentes».
> —*Jarratt Major, LMFT*

cualquier cosa con mi madre mientras ella cocinaba. Pero yo podía saber cuando ella se había cansado de lo que yo decía, y aprendí que no era seguro hablar de ciertos temas, como mis preguntas sobre problemas teológicos profundos, mis sentimientos extremos de soledad o sexo».

Al reconocer que su deseo de visitar el bar de topless estaba en realidad arraigado en su deseo de ser escuchado y de sentirse seguro en presencia de una mujer, Mitch está más motivado para mantener abiertas totalmente las líneas de comunicación con su esposa. «Llevarla a cenar fuera y hacerle sentir especial y lo bastante segura para conectarse conmigo puede que me cueste más de un dólar metido en el sujetador de una bailarina de vez en cuando, pero es una inversión que vale la pena para no irme a la cama sintiéndome como un gusano esa noche. Ir al bar era siempre emocionante. Salir y darme cuenta de lo bajo que había caído para conseguir un golpe a mi ego fue increíblemente deprimente».

> Se siente mucha más seguridad al mirar pornografía que al mirar nuestro propio dolor, al masturbarse que al pedir humildemente lo que necesitamos.

Lo que es real para Megan

Cuando la mamá de Megan la llevó para recibir consejería, Megan estaba inundada de culpabilidad y confusión con respecto al *porqué* ella quería «tocar sus partes privadas» mientras veía a otras mujeres hacer lo mismo. Sus búsquedas en la Internet nunca se trataban de ver a personas practicar sexo la una con la otra. Más bien, observar a una mujer llevarse a ella misma hasta el clímax era lo que alimentaba el fuego de Megan. Por tanto, pensamos que «mujeres tomando control de sus cuerpos y de sus propias emociones» era un tema común en las fantasías de Megan.

Le pregunté: «¿Ha habido algún momento en que te sintieras fuera de control en tu vida, Megan?». Levantando sus cejas, explicó que tanto ella como su madre se habían sentido fuera de control desde que ella tenía seis años de edad. Fue entonces cuando su padre resultó muerto en un accidente de barca, lo cual fue bastante doloroso para Megan porque ella era «la niña de su papá». Pero fue observar a su madre revolcarse en su propia tristeza durante los últimos seis años lo que fue más de lo que ella podía manejar con eficacia. Ella quería mover una varita mágica y eliminar todo el dolor de su madre, y que las dos entrasen en un estado de dicha mental donde no hubiera lugar para la muerte o la tristeza, el tipo de dicha mental que las imágenes pornográficas de mujeres tomando control de sus cuerpos y dándose placer a sí mismas podían proporcionar de manera gráfica. Por tanto, un clic del ratón de Megan se convirtió en el equivalente a mover esa varita mágica.

El principal problema era que la varita mágica nunca era duradera, pero la culpabilidad sí lo era. Por tanto, Megan tenía que aprender a pedir lo que ella necesitaba de su madre: una sonrisa, un abrazo, un viaje de compras al centro comercial donde Megan pudiera ser el centro, un día sin las lágrimas de su madre o sin él enojo o el extremo perfeccionismo que conducía a Megan a su aislado cibermundo, y la capacidad de visitar la tumba de su papá ella sola para poder recordar los buenos tiempos que habían pasado juntos. Solamente esos pasos de sanidad podían crear el sendero de Megan hacia la libertad de la pornografía.

Lo que es real para Tammy

Cuando Tammy explicó que ella justificada ver pornografía en la habitación de su hotel como una manera de evitar quedar enganchada en el bar del vestíbulo, le pregunté por qué tenían que pasar *cualquiera* de esas cosas. ¿Por qué tenía que producirse uno de esos escenarios? ¿Por qué no podía ella ver los programas normales en televisión, ver un video de ejercicios, comunicarse con su familia por Skype, o leer un buen libro? Fue entonces cuando Tammy se dio cuenta de que utilizaba la excitación sexual para aliviar el estrés. Si ella no podía tener sexo en casa con su esposo, lo cual confesó que no estaba sucediendo mucho, de todos modos, y quería evitar quedar enganchada con un extraño, entonces ver pornografía y masturbarse parecía ser la única opción.

«Entonces, si aliviar el estrés es la meta final, ¿cuál es la fuente de tu estrés?», pregunté yo. «¿Y en qué época de tu vida recuerdas sentir presiones similares?».

Tammy lanzó una diatriba acerca de que tenía que trabajar sesenta horas por semana para sostener a su familia de cinco personas. Debido a que el salario como camionero de su esposo no llegaba ni a acercarse a su salario como ejecutiva, mutuamente habían decidido que él sería la persona que se quedaría en casa, y ella llevaría el pan a casa. Pero ese arreglo estaba agotando a Tammy. Ella recordó haber sido criada por una mamá soltera que siempre estaba trabajando o demasiado cansada para hacer nada cuando regresaba a casa. Tammy no quería ser «esa mamá». Pero en lugar de compartir sus sentimientos con su esposo y pedirle que arrimara el hombro en la carga económica, ella se escapó a su propio mundo de fantasía, un mundo donde las parejas podían «acostarse juntas» sin el estrés de la vida, las carreras y los niños pesando sobre ellos. Desde luego, entretener esa fantasía no estaba ayudando a su nivel de energía como mamá, y le estaba robando cada gramo de energía sexual para su matrimonio.

Yo me pregunté si Tammy le estaba dando a su esposo todo el mérito por las incontables horas que él estaba invirtiendo en su familia (nada diferente a lo que hacen las mamás que no trabajan fuera de casa), o si estaba inconscientemente culpando a su esposo por el enfoque descuidado que tenía su papá de la educación y de sostener a una familia. Cuando yo planteé la pregunta, Tammy afirmó: «Culpable del cargo». Exploramos cómo la organización actual de su familia fue creada por *elección* y no por *fuerza*, como fue el caso de su propia mamá. Y ella podía escoger cambiarla en cualquier momento. Su esposo estaba dispuesto y era capaz de trabajar si era necesario.

Tammy reconoció que ella había escogido permitir que el estrés se llevase lo mejor de ella, y estaba decidida a recuperar «lo mejor» por causa de su familia. Comenzó a practicar sexo con su esposo con mayor frecuencia, especialmente antes de los viajes de negocios. Pasó más tiempo al teléfono con sus hijos, en las tardes, e incluso mantenía «cenas por Skype» durante los viajes largos. Comenzó a practicar Pilates y encontró libros que le gustaban. Descubrió que esas actividades aliviaban mucho más el estrés que ver pornografía a solas en la habitación de su hotel y retorcerse en la culpabilidad después.

> La sanidad del dolor del mundo comienza con sanar nuestro propio dolor.

Nuestra sexualidad es tan única como nuestra huella dactilar. Todos tenemos diferentes historias en la vida y diferentes imágenes que hacen flotar nuestras barcas sexuales por la razón que sea. Por tanto, nuestras fantasías nunca encajarán exactamente en una colección de moldes que podamos catalogar tan fácilmente como los productos que adornan las páginas de un catálogo de envases. Me gustaría poder decirte: «Si fantaseas sobre A, entonces B es siempre cierto, y si fantaseas sobre X, entonces Y es siempre cierto». ¡Oh, como si fuera tan fácil sacar a la luz el significado más profundo que hay detrás de nuestros pensamientos sexuales!

Scott Smith, de veintinueve años de edad, fue adicto a la pornografía por dos años. Él explica: «El porno confunde el modo en que piensas de las mujeres. Quieres que las mujeres con las que estás sean como las mujeres en el porno. Yo tenía miedo a implicarme en una relación. No sabía hasta qué punto había llegado el daño. No quería herir a nadie. Me mantenía alejado de las mujeres».[10]

Entender completamente una fantasía o una inclinación en particular hacia imágenes concretas solo puede lograrse *por la persona que fantasea*. Un libro no puede interpretar tus fantasías por ti, pero *tú sí puedes*. Tú conoces más de ti mismo y de tus propios pensamientos sexuales que ninguna otra persona, así que mi oración es que este libro te equipe con las herramientas que necesites para unir los puntos, revelar el cuadro general del porqué fantaseas del modo en que lo haces, y mover exitosamente tu mente hacia el amplio camino a la recuperación.

EL REMEDIO VERDADERO

Como revelan las historias de Mitch, Megan y Tammy, normalmente hay algún tipo de dolor emocional profundamente arraigado que impulsa nuestra búsqueda de pornografía. No es que la persona que mira imágenes pornográficas sea una enferma, retorcida o pervertida. Es que tiene una increíble incomodidad. Se siente incómoda en su propia piel, en su propia realidad, y no sabe cómo cambiar esa realidad para hacer que la incomodidad se vaya.

La clave para sanar de la incomodidad de ser un mirón es dejar de mirar a otras personas para adormecer el dolor, y mirar directamente al dolor mismo. Antes de hacer clic en ese ratón, llamar a esa línea erótica, o entrar en ese club de striptease, hazte la pregunta: «¿Qué estoy sintiendo en realidad? ¿Cuándo me he sentido así antes, y por qué? Lo que estoy a punto de hacer, ¿rascará mi picor buscando alivio de mi incomodidad, o solo lo empeorará?». Si estás dispuesto a considerar seriamente (y repetidamente) estas preguntas es lo que decidirá si permaneces atrincherado en la adicción o eres libre.

Nuestros sentimientos dolorosos deben ser procesados. Si se esconden debajo de la alfombra, el dolor no resuelto se multiplica de modo exponencial, dando nacimiento a sentimientos incluso más abrumadores de culpabilidad, vergüenza, odio a uno mismo, depresión, enojo y amargura, lo cual nos conduce hacia actividades aún más adormecedoras. Sin embargo, si se saca a la luz donde pueda ser cuidadosamente examinado y entendido, el dolor emocional puede revelar lo que aún necesita «ser enderezado» en nuestras mentes. Aceptar este viaje de sanidad puede dar miedo al principio, pero finalmente provocará sentimientos de aceptación, sanidad, gratitud, victoria e incluso gran gozo. Como escribió el apóstol Pablo:

> Y no sólo en esto, sino también en nuestros sufrimientos, porque sabemos que el sufrimiento produce perseverancia; la perseverancia, entereza de carácter; la entereza de carácter, esperanza. Y esta esperanza no nos defrauda, porque Dios ha derramado su amor en nuestro corazón por el Espíritu Santo que nos ha dado. (Romanos 5.3–5)

Considera también que Jesús dijo: «Dichosos los que lloran, porque serán consolados» (Mateo 5.4). En otras palabras, es una bendición lamentar nuestras pérdidas y procesar nuestro dolor emocional. Ir hasta *allí* es mucho más productivo que recurrir a la pornografía.

Mientras que el dolor es debilitante, la sanidad es embriagadora. Pruébala. Puede que quedes enganchado.

ENTRE BAMBALINAS: DEL DOLOR AL PLACER Y DE NUEVO AL DOLOR

Como hemos hablado, la excitación sexual es un increíble tranquilizante para todo tipo de dolor emocional. El cerebro no es capaz de experimentar las alturas del placer sexual y las profundidades del dolor emocional simultáneamente, y debido a que por naturaleza preferimos el placer, nuestro cerebro desarrolla una manera de hacer a un lado todo nuestro dolor, ansiedades e inseguridades, al menos el tiempo suficiente para experimentar suficiente placer para llegar al clímax.

El doctor Michael J. Bader, autor de *Arousal: The Secret Logic of Sexual Fantasies*, explica la asombrosa capacidad del cerebro de moverse más allá del dolor intenso para experimentar placer intenso:

> Aunque nuestra [hambre] y capacidad de placer son por instinto, el camino hacia el placer es complicado. Nuestras familias y nuestra cultura ponen numerosos obstáculos a lo largo de este camino: culpabilidad, preocupación, temor, vergüenza, rechazo e identificación se interponen en el camino hacia conseguir lo que parece tan natural. Es un extraordinario testamento a la capacidad creativa y adaptativa de la imaginación humana que es capaz de intercalar exactamente la historia correcta para vencer obstáculos y llegar a la excitación. Llegar a encenderse implica trascender el pasado, contrarrestar peligros, refutar creencias, deshacer traumas, suavizar dolor y finalmente, finalmente, reclamar el placer.[11]

El hecho de que Dios crease nuestro cerebro de manera tan magnífica es un verdadero testamento a su amor por nosotros. Él obviamente anhela que disfrutemos del placer físico que creó para que los seres humanos lo experimentaran. Sin embargo, hay una advertencia: el éxtasis sexual está solamente medio cocido cuando divorciamos placer físico de la conexión emocional, como cuando nos esforzamos egoístamente por llegar al orgasmo mediante la pornografía y la masturbación en lugar de cultivar el éxtasis sexual con nuestro cónyuge matrimonial. El amor y la intimidad relacional son la levadura que permite que nuestro éxtasis sexual aumente hasta su mayor nivel.

Cuando alguien se vuelve más adicto a la pornografía y al «sexo en solitario» en lugar del «sexo relacional», puede que le resulte cada vez más difícil experimentar placer sexual con su pareja. Este estado mental y físico se denomina *anhedonia sexual*.

El doctor Archibald Hart, autor de *Thrilled to Death: How the Endless Pursuit of Pleasure Is Leaving Us Numb*, explica por qué los hombres (en particular) desarrollan con tanta frecuencia anhedonia debido a las maneras concretas en que persiguen la satisfacción sexual. Él escribe:

> Las distorsiones [sexuales] surgen debido a que, inconscientemente, aprendemos a conectar nuestro sistema de elevación de adrenalina (que es un sistema de *emergencia*) con nuestra hormona sexual normal de la excitación. En otras palabras, llegamos buscando extras emocionantes para la estimulación sexual. Cuando, por ejemplo, uno participa en la conducta sexual arriesgada o fuera de lo común, la liberación de adrenalina añade excitación.
>
> Por ejemplo, las primeras experiencias sexuales de la mayoría de los hombres se producen cuando se masturban mientras ven revistas pornográficas. Muchos hombres dicen que descubrieron la revista sin querer en el cajón o el escritorio de su padre. Ya que existe un elemento de temor unido a que a uno le agarren o al hacer algo desagradable, discurre por el cuerpo una inmensa corriente de adrenalina, que añade excitación a los sentimientos sexuales. El problema es que da un tremendo impulso a los sentimientos sexuales. La adrenalina añade un elemento de emoción que normalmente no está presente en la excitación sexual, o al menos no debería estarlo. Después de un tiempo, los hombres se acostumbran a esa emoción sexual *extra* que proviene de hacer algo sexual que es arriesgado, y pronto se convierte en un hábito, incluso en una adicción.
>
> Esta unión de adrenalina con excitación sexual es la causa más importante de distorsión sexual en nuestros tiempos. La conexión adrenalina-sexual también conduce a perversiones sexuales, como añadir dolor al sexo (sadismo y masoquismo sexual) y, más gravemente, la violación (un delito que produce adrenalina de alto octanaje).
>
> ...Se ha prestado poca atención al modo en que la sexualidad masculina ha sido burdamente distorsionada por esta unión de sexo a la adrenalina... desgraciadamente, las mujeres pagan el precio de esta distorsión.[12]

¡Qué doloroso ser mentalmente y físicamente incapaz de sentir placer de los actos sexuales más sencillos! Debería ser suficiente sentir un amor apasionado fluyendo libremente entre los dos cuerpos desnudos de un esposo y su esposa. Cuando tenemos que introducir peligro, o pornografía, o dolor para ser excitados, nos estamos robando a nosotros mismos (y a nuestra pareja) las experiencias sexuales más profundas y ricas posibles. Como afirma el doctor Hart de modo tan elocuente: «El caldero de oro se encuentra al final del arco iris de la relación, en ningún otro lugar. El placer sexual se trata en última instancia de la calidad de su relación con su pareja».[13]

Quizá estés leyendo esto y te sientas engañado, enojado o asustado. Quizá la pornografía haya creado demasiada *intensidad* malsana en tu lecho matrimonial y te haya robado la *intimidad* genuina que deseas. Si es así, te aseguro que hay esperanza.

Al igual que podemos pasar del dolor al placer y de nuevo al dolor, ¡también podemos ir del placer al dolor y de nuevo el placer! Con la ayuda de Dios, podemos escoger evolucionar, crecer, madurar... sanar. Por tanto, sigue leyendo a medida que continuamos sacando a la luz el significado más profundo que hay detrás de algunas de las distorsiones sexuales más comunes que evitan que tenga lugar esta saludable evolución.

5

Traficar con nuestro cuerpo

Mientras nos esforzábamos por meternos en nuestros chalecos de flotabilidad y tanques de oxígeno, nuestro instructor de buceo explicó: «Algunos de sus profundímetros tienen brújulas direccionales, y otros no».

Yo miré el que tenía en mi mano. Una aguja mediría cuánto aire quedaba en mi tanque; la otra mediría a qué profundidad del agua estaba buceando. No había una tercera aguja que indicase norte, sur, este u oeste. Pero yo no estaba preocupada. Íbamos a bucear en un lago de cien acres, no en un gigantesco océano. Sin duda, no sería necesario tener una brújula.

También supusimos que no sería necesaria crema de protección solar. Después de todo, estaríamos a treinta pies debajo del agua la mayor parte del tiempo. Sin embargo, mi máscara de buceo se llenaba de agua una y otra vez, independientemente de cuántas veces la limpiase, y pasé mucho más tiempo en la superficie batallando con las tiras de mi máscara del que había previsto. Por tanto, mi frente expuesta al aire recibió más sol del que había anticipado.

A última hora de la tarde, mis aletas me molestaban mucho, pues me rozaban y me produjeron ampollas en los dedos de los pies. Incapaz de nadar a toda velocidad, yo estaba reteniendo a todos los demás. Entre mi máscara que no estaba tan ajustada, mi frente quemada por el sol y las ampollas en mis dedos, decidí poner fin a la aventura y dejar que mi esposo y mis hijos continuaran cruzando el lago sin mí.

Regresar nadando a espalda la media milla que había hasta el puerto habría sido el enfoque más fácil, pero eso freiría aún más mi frente bajo el sol de Texas, así que me puse mi regulador en la boca, sumergí mi cara en el agua y comencé a nadar lentamente a estilo libre en esa dirección. O eso pensaba yo. Después de varios minutos agotadores, levanté la vista pensando que el muelle estaría a poca distancia. Pero de algún modo, me las había arreglado para girar, ¡y me estaba alejando aún más del muelle que cuando comencé! Estaba totalmente agotada cuando finalmente llegué a la orilla.

Sin tener una brújula, es fácil perder la orientación. No solo en tierra o en el agua, sino también en las relaciones. En lugar de buscar bendecir a otros, buscamos a personas que lleven nuestras cargas, enmienden nuestros errores, mediquen nuestro dolor emocional, y proporcionen la atención y el afecto que anhelamos.

Eso es exactamente lo que vemos en el libro de Génesis, cuando Satanás distorsionó las relaciones sanas atrayendo a las siguientes personas hacia actos inmorales de sexo prematrimonial, prostitución y seducción:

- Siquem forzó a Dina a practicar sexo prematrimonial (Génesis 34.2).
- Tamar se prostituyó con Judá (Génesis 38.12–23).
- La esposa de Potifar intentó seducir a José (Génesis 39.7).

Cada uno de esos personajes bíblicos nos muestra que «traficar con nuestros cuerpos» llega de modo natural para los seres humanos desde la caída del hombre. Pero hay preguntas que suplican una respuesta:

- ¿A cambio de *qué* traficamos?
- ¿Con *quién* estamos traficando?

Y una pregunta aún más importante es:

- ¿Posee la persona con quien estamos traficando lo que nosotros buscamos, o sencillamente hemos perdido nuestra orientación?

Como respuesta a la primera pregunta, muchos dirían que los hombres buscan sexo y las mujeres buscan romance. Pero finalmente se reduce a desear exactamente las mismas cosas: afirmación, aceptación, consuelo y seguridad. Aunque suena a cliché, no se han pronunciado jamás palabras más verdaderas: todos estamos buscando amor. Muchos de nosotros sencillamente tenemos algunas imágenes muy distorsionadas de cómo es el «amor», y dónde puede encontrarse, principalmente porque en nuestras brújulas mentales, emocionales, físicas y espirituales no son siempre tan confiables como creemos.

Basándome en mis experiencias profesionales como coach personal, al igual que mis experiencias personales al ser yo misma una adicta al sexo y las relaciones recuperada (un viaje del que he escrito extensamente en la serie *La batalla de cada mujer*), hay cuatro principales direcciones/relaciones hacia las cuales los seres humanos gravitan en búsqueda del amor que de modo natural anhelamos:

- la figura de la madre
- la figura del padre
- la fuente de la juventud
- el ídolo espiritual

Antes de aventurarnos hacia esas direcciones, hablemos de dos palabras latinas que nos darán una gran perspectiva con respecto al *porqué* significan tanto para nosotros. Las palabras latinas para «alma» son *anima* y *animus*. Uno de los patriarcas de la psicología, el doctor Carl Jung, acuñó estos términos para describir la imagen del alma femenina que reside en los hombres (*anima*), y la imagen del alma masculina en las mujeres (*animus*). A primera vista, podemos ver eso hacia atrás. ¿No debería la imagen femenina estar en el interior de la mujer, y una imagen masculina en el interior del hombre? Pero sin duda, habrás oído de mujeres que encuentran la fortaleza para «salir adelante por sí mismas sin ayuda», o de hombres que han hecho que su esposa se sienta en las nubes porque ellos «han entrado en contacto con su lado femenino».

Los seres humanos realmente poseemos componentes espirituales *tanto* masculinos *como* femeninos, al igual que Dios. Recuerda: Dios no es exclusivamente varón ni hembra, sino ambos. (Hablaremos más sobre «Buscar el lado más tierno de Dios» en la sección «Entre bambalinas», al final de este capítulo.)

El doctor Jung teorizaba con que *anima* y *animus* aparecen regularmente en nuestros sueños y fantasías, y desempeñan un papel muy importante en el desarrollo de nuestra vida personal e interpersonal. De hecho, yo también diría que marcan un gran impacto en nuestros matrimonios y relaciones familiares, ya que equilibrar energías masculinas y femeninas es algo de lo cual los padres inconscientemente son un ejemplo para sus hijos. Las mujeres con frecuencia sueñan o fantasean sobre imágenes masculinas, y los hombres sobre imágenes femeninas.

Al proyectar sus imágenes *anima* y *animus* sobre otra persona, tanto hombres como mujeres con frecuencia intentan completarse a sí mismos mediante otro ser humano (normalmente del sexo opuesto). Pero la fantasía de que otra persona tiene lo que nosotros buscamos es una absoluta falacia, que ha destruido muchas vidas y matrimonios. Lo que buscamos no puede ser cultivado desde otro ser humano. Solo puede cultivarse, con la ayuda de Dios, en el interior de nosotros mismos.

Leanne Payne, autora de *The Broken Image*, aporta perspectiva con respecto al porqué los caníbales se comen a otros seres humanos. Ellos no comen solamente para llenar sus estómagos; se comen a alguien que ellos perciben que tiene características y cualidades que a ellos les faltan y que les gustaría poseer.[1] Pero está claro que tener a alguien como cena no nos imbuye a *nosotros* de *sus* rasgos de personalidad. Tampoco lo hace tener una relación romántica con esa persona. Sin embargo, ¿con cuánta frecuencia vemos que tiene lugar este tipo de transacción mental?

- Ella es realmente desinhibida... así que quizá yo pueda soltar todas mis inhibiciones con ella.
- Él es famosamente brillante... así que si yo soy su pareja la gente pensara que también yo soy inteligente.

- Ella es asombrosamente hermosa... así que si va de mi brazo yo me veré mucho mejor.
- Él es increíblemente compasivo... yo necesito tener más de eso en mi vida, así que le necesito *a él*.

Con esta comprensión del modo en que funciona nuestra psique humana, estas cuatro (malas) direcciones comunes tendrán mucho más sentido.

¿ERES TÚ MI MAMÁ?

Quizá observaste en el último capítulo que nuestros tres expertos en pornografía batallaban con «heridas maternales» de la niñez. Sin duda, una unión segura con quienes principalmente se ocupan de nosotros, normalmente nuestra mamá, es vital para nuestro apropiado desarrollo sexual.

Puede que recuerdes la clásica historia de P. D. Eastman, *¿Eres tú mi mamá?* Habla de un pequeño pajarito que busca arriba y abajo, confundiéndolo todo, desde gatitos y vacas hasta barcas y camiones, en búsqueda de la mamá con la que anhela volver a conectarse. Aunque sin duda hay algo en todos nosotros que nos impulsa hacia una figura maternal, muchos hombres buscan arriba y abajo para (a) encontrar una figura que sea igual que su querida mamá, o (b) encontrar a una mujer que pueda asegurarle que no *todas* las mujeres son como su propia mamá, y que tampoco *todas* las mujeres le harán sentir del modo en que su mamá le hacía sentir.

Ricardo atestiguará de este último hecho. En una reunión de «Celebra la recuperación», Ricardo compartió desde la plataforma que cada vez que practicaba sexo con otra mujer (él calculaba haber tenido más de cien parejas en un espacio de tiempo de treinta años), él gritaba subconscientemente: «¡Mira, mamá! ¡Hay alguien a quien le importo de verdad! ¡Alguien que cree que yo soy digno de amar!». Pero desde luego, ese sentimiento nunca duraba mucho tiempo antes de que *ella* le partiera el corazón y lo pisoteara también. Ricardo se dio cuenta de que este enfoque de las relaciones funcionaba tan bien como beber veneno con la esperanza de que otra persona muera. No estaba haciendo daño a su mamá alcohólica, estaba haciendo daño a las mujeres a las que él intentaba amar, y haciéndose incluso más daño a él mismo. Finalmente llegó a la conclusión de que tenía que dejar de traficar con su cuerpo, dar un gran paso hacia atrás en las relaciones, y sanar la herida maternal que ninguna otra mujer en el planeta podría posiblemente sanar. Él lo hizo mediante una extensa terapia de grupo e individual, donde aprendió a alimentarse a sí mismo emocionalmente precisamente de las maneras en que pensaba que solamente una mujer podría hacerlo.

Desde luego, los hombres no son los únicos que necesitan «reeducarse» a ellos mismos a veces. Es también una capacidad que las mujeres deben aprender a fin de no llegar a extremos malsanos para...

LLENAR EL AGUJERO QUE TIENE FORMA DE PADRE

Si yo tuviera que identificar el hilo más común entre todas mis clientes femeninas que batallan con enredos sexuales o emocionales inapropiados, sería «problemas paternos sin resolver».

Al igual que una madre enseña a su hijo a relacionarse adecuadamente con las mujeres, es tarea de un padre enseñar a su hija que ella es *digna* de amor, atención y afecto, no por su aspecto o por lo que ella hará por él, sino simplemente por quién es ella. Si una niña no recibe este regalo de su papá en sus años de formación, será tentada a allanar el camino buscándolo el resto de su vida. Ella inventará fantasía tras fantasía de ser hallada deseable por parte de los hombres. Por ejemplo:

- Necia, que se enamoró perdidamente del padre de su compañera de cuarto, porque él hacía visitas frecuentes, derramando la cantidad de atención sobre ella que Necia deseaba que su papá hubiera sido capaz de expresar.
- Tina, quien admitió ella misma que se vestía como una prostituta durante sus años de adolescencia y de universidad, porque veía el modo en que su padre daba una connotación sexual a las mujeres y ella siempre estaba desesperada porque él la notase de algún modo.
- Kelly, que nunca era capaz de decir *no* a su padre controlador y crítico, permitió que se desarrollara una aventura sexual de diez

meses de duración entre ella y su jefe. «Yo no quería hacerle sentir rechazado, y tampoco quería que su esposa le rechazase, así que yo llevé la carga de la culpabilidad y la vergüenza por ambos», recuerda.

Algunas mujeres no despiertan al hecho de que están siendo codependientes de una figura paterna hasta después de que el brillo desaparece de la relación para revelar una dinámica muy disfuncional. Como Belinda, que con veintiséis años de edad se casó con un hombre diecinueve años mayor que ella. «Él me hacía sentirme segura, protegida y querida», explicaba ella. Cuando llegaron a las edades de cuarenta y cinco y sesenta y cuatro años respectivamente, ella estaba llegando a su cúspide sexual mientras que él estaba bajando por la pendiente. Belinda admitió: «Aunque él encendía totalmente mi fuego durante los primeros años de nuestro matrimonio, no queda mucha energía sexual. Siento como si yo me estuviera ocupando más de mi padre que envejeciendo con mi amante. Las figuras paternas son divertidas hasta que se convierten en figuras de abuelo».

Desde luego, muchas de esas figuras paternas eran en realidad...

BUSCAR UNA FUENTE DE JUVENTUD

Quizá hayas oído la broma acerca del hombre que intercambia a su fría esposa de cincuenta años de edad por dos jovencitas de veinticinco. O quizá hayas visto la película *El graduado* sobre la señora Robinson, una mujer de mediana edad que seduce al muchacho virgen de veinte años. Buscar a una pareja sexual más joven para ocultar el hecho de que estamos envejeciendo no es solamente el enfoque de bromas y películas. Frecuentemente son cosas que llegan a los titulares de las noticias también, como el pastor de jóvenes de unos cuarenta años que quiere casarse con una muchacha de catorce años de su grupo de jóvenes, o la maestra que está ardiendo por tener sexo con todos sus alumnos adolescentes. Historias como esas dan lugar a términos como *viejo sucio, tigresa* o *crisis de la mediana edad*.

La etiqueta *tigresa* es lo que motivó a una mujer (Alison) a ponerse en contacto conmigo. Solamente esa palabra le volvía loca. Cuando tenía unos cuarenta años de edad, Alison se puso Botox e implantes mamarios para disipar sus temores de perder su atractivo sexual a medida que envejecía. Pero no esperaba que los hombres que tenían la mitad de su edad notasen de manera tan patente su nueva figura. Se hizo muy buena amiga de un muchacho de diecinueve años con el que trabajaba en un hotel muy lujoso, y desperdició muchas energías mentales preguntándose si él tenía sentimientos sexuales hacia ella. (Sus energías habrían sido invertidas más sabiamente examinando si *ella* tenía sentimientos sexuales hacia *él*.) Una noche estaban trabajando juntos en un banquete en el hotel. Hacia el final de la noche, ella despidió a todos los trabajadores a excepción de ese muchacho de diecinueve años. Cuando estuvieron los dos a solas, en su mente «comenzó el juego». Inmersos en un torbellino de calor emocional y hormonas, terminaron en una de las habitaciones del hotel juntos después de que terminó el banquete. Al principio, Alison minimizó el interludio en su mente. *Mi esposo no es lo bastante atento. Y él probablemente hace lo mismo cuando viaja.* Más adelante, Satanás maximizó el encuentro: *¡Qué fulana y qué tigresa eres! ¡Las personas pueden leerte!*

Dado que la fantasía de tener a una pareja sexual mucho más joven es relativamente común para hombres y también para mujeres, pensemos en posibles significados detrás de esta imagen de arquetipo. La razón más obvia es que la sociedad celebra e idealiza los cuerpos firmes y las almas enérgicas de los jóvenes mucho más que la pasión, sabiduría y experiencia de las personas más mayores. Hemos sido embaucados por los medios para creer que perdemos nuestro atractivo a medida que envejecemos, pero la belleza está en el ojo del que mira. Muchas personas encuentran sexualmente atractivos a los hombres y las mujeres más mayores. Realmente ha habido estudios que demuestran que a ambos géneros les resulta particularmente atrayente el cabello gris.

La razón principal por la cual Hollywood enfoca su lente sobre la juventud se debe a que son más exhibicionistas y más fáciles de captar en las películas. Adolescentes y jóvenes no tienen otra cosa mejor que hacer sino levantarse sus camisetas delante de las cámaras del programa *Girls Gone Wild*. Aún siguen buscando su propio sentimiento de individualidad, y constituyen objetivos fáciles para la explotación sexual.

Una capa incluso más profunda que necesitamos reconocer es que a medida que envejecemos, nuestro cónyuge también envejece, y la pregunta con frecuencia se cierne al menos en la mente de una de las partes: *¿Es este el comienzo del fin de nuestra (mi) vida sexual?* Debido a que el atractivo sexual y la excitación son con frecuencia una medida mental de vitalidad y calidad de vida, tal idea puede dar mucho miedo. El pensamiento de disminuir sexualmente puede sentirse como estar ya con un pie en la tumba y dando brillo a la suela del otro zapato. Después de todo, crecimos pensando que nuestros padres nunca practicaban sexo (¡ellos parecían *demasiado* viejos para eso!), y *ninguno* de nosotros imaginó nunca a nuestros abuelos practicando aún sexo a su edad (aunque muchos de nosotros estábamos bastante equivocados).

Este temor a envejecer y perder nuestra autoconfianza es lo que con frecuencia impulsa a los hombres de mediana edad a fantasear con su joven recepcionista, o a comparar mentalmente a su esposa con mujeres mucho más jóvenes, pensando en todas las maneras en que sus cuerpos ya no están a la altura. Esa es una comparación muy injusta. Los años caen sobre todos nosotros (en igual proporción) a medida que giran las páginas del calendario. Las arrugas faciales de ella, sus pechos caídos y su celulitis no tienen por qué ser menos atractivos que la calva de él, su barriga y su vello cada vez mayor en la nariz y en las orejas lo son para ella. No se trata de parecerse a muñecos Barbie y Ken durante toda nuestra vida. Se trata de amarnos el uno al otro y seguir siendo tan sexuales como sea posible a medida que envejecemos juntos.

Rastreemos este deseo de una fuente de juventud todo el camino hasta su núcleo. ¿Por qué querríamos seguir siendo jóvenes y vibrantes? A fin de poder vivir para siempre, o al menos todo el tiempo posible. ¿Y de dónde proviene ese deseo de vida eterna? Yo creo que está intercalado en la fibra de nuestro ADN espiritual, porque *vida eterna es nuestra herencia por medio de Cristo.* Hay mucha maravilla y deleite que podemos anticipar en el cielo. Esta vida terrenal es meramente una triste vista previa que palidece en comparación.

Por tanto, enfoquémonos en invertir sabiamente, hacer generosos y eternos depósitos espirituales en las vidas de otras personas, en lugar de preocuparnos por ser hallados sexualmente atractivos hasta que Jesús regrese.

Hablando de nuestro ADN espiritual, vamos a sumergirnos en la última dirección hacia la que habitamos con frecuencia: los ídolos espirituales.

¡ESTÁ QUIETO Y SABE QUE TÚ ERES MI DIOS!

La razón principal por la cual traficamos con nuestros cuerpos buscando la atención y el afecto que deseamos profundamente es que no confiamos en Dios para la satisfacción que buscamos, la provisión que necesitamos o la comodidad que anhelamos. ¿Por qué? Porque es mucho más fácil alcanzar a un hombre (o mujer) intermediario. Ellos están disponibles y listos para sostener nuestras pantallas de proyección mientras nosotros proyectamos sobre ellos nuestras películas mentales. Dios no parece tener un acceso tan fácil. Pero la verdad es que Él es más accesible y está más deseoso de satisfacer nuestras necesidades de lo que puede estarlo ningún ser humano. Sencillamente somos demasiado perezosos espiritualmente para dejar atrás al intermediario y buscar al Verdadero.

Pero hay una inmensa diferencia en lo que un ser humano tiene que ofrecer y lo que Dios tiene que ofrecer. Muchas mujeres han descubierto esta realidad por el camino difícil. La posibilidad de pasión y la idea de romance nos mantiene cautivadas hasta el núcleo, razón por la cual las novelas románticas y las películas para mujeres son una industria que está en auge. Fantaseamos con ser seducidas y perseguidas por el hombre perfecto que ha estado buscando toda su vida para encontrar y satisfacer a una mujer como nosotras; un hombre maravilloso, generoso, considerado y compasivo, ¡que removerá cielos y tierra solamente para estar con nosotras! Un hombre que entregará su vida para protegernos y sostenernos, que sacará lo mejor que hay en nosotras ¡y se deleitará mucho en nosotras incluso en nuestros peores días!

¿Y por qué podría una mujer buscar en todo el mundo (y en la Internet) para encontrarle? ¡Porque hemos perdido de vista el hecho de que ya tenemos un Hombre así en nuestra vida! Su nombre es Jesús. ¡Ningún otro hombre podría posiblemente llevar tales cargas y estar a la altura de tales expectativas!

Las mujeres no son, sin duda alguna, las únicas en peligro de adoptar un arquetipo sexual opuesto como un dios falso. Los hombres son igualmente culpables, con la misma tendencia hacia esta falacia de fantasía de que cierto ser humano puede satisfacer nuestros deseos más profundos.

Hace unos años, recibí un correo electrónico anónimo de un pastor. Él acababa de leer los libros *La batalla de cada hombre* y *La batalla de cada mujer*, y dijo que necesitaba confesar su pecado a alguien que lo entendiera. Su temor era que sus líderes en la denominación no fuesen comprensivos. Yo imagino que tenía razón.

Él admitió haber tenido cuatro aventuras amorosas durante los últimos diez años, todas ellas con mujeres de su congregación:

Cada vez, esas relaciones comenzaron en mi oficina de consejería, cuando ellas se quejaban del hecho de que sus esposos no son buenos líderes espirituales. Ellas quieren hombres que oren por ellas, hablen de la Biblia con ellas, las lleven más cerca de Dios; todas las cosas en que un pastor enfoca su tiempo y su energía. Por tanto, desde luego, esas mujeres me han visto como una «conexión directa» hacia Dios. No puedo decirle lo embriagador que es para un hombre darse cuenta de que una mujer le considera de tal manera, especialmente cuando su esposa le menosprecia en casa. Es increíble... humillante... abrumador... y, sí, embriagador. Yo siempre pensé que esas mujeres necesitadas tan solo buscaban un hombre que sea Jesús con piel para ellas, y fue un placer ayudar. Pero mi carne finalmente se interpuso en el camino cada vez. Lo que he llegado a entender es que *yo no era solamente su dios; ellas eran, de hecho, el mío.*[2]

Ya seamos varón o hembra, todos debemos entender que la satisfacción no se encuentra en otro ser humano, a pesar de lo atractiva que pueda ser la otra persona, a pesar de lo suavizante y vigorizante que pueda sentirse su presencia. En lugar de buscar a otro, es momento de que corrijamos nuestra brújula y busquemos en cambio en nuestro Creador.

CORREGIR NUESTRA BRÚJULA

Cuando despertamos de la fantasía de que la satisfacción puede encontrarse en un ídolo espiritual, o una figura materna, una figura paterna, o una figura de fuente de juventud, estamos preparados para situarnos en la dirección *correcta*. Finalmente somos capaces de entender la realidad de que aquello que estamos realmente buscando puede encontrarse principalmente en Dios, y en segundo lugar en nosotros mismos.

Timothy Keller arroja luz sobre este proceso de iluminación espiritual en su libro *Counterfeit Gods* (*Dioses falsos*), donde explica:

Nuestras fantasías y falsos ídolos a veces se derriban a nuestro alrededor. Esta es una estupenda oportunidad. Estamos experimentando brevemente «ser desencantados». En las viejas historias, eso significaba que el hechizo que la bruja malvada había echado quedaba roto y había la oportunidad de escapar. Tales momentos llegan a nosotros como individuos, cuando alguna gran empresa, búsqueda o persona sobre la que hemos construido nuestras esperanzas no nos proporciona lo que (nosotros pensábamos) que había prometido...

El modo de avanzar, de salir de la desesperación, es discernir los ídolos de nuestros corazones y de nuestra cultura. Pero eso no será suficiente. La única manera de liberarnos a nosotros mismos de la influencia destructiva de los dioses falsos es regresar al verdadero. El Dios vivo... es el único Señor que, si le encuentras, puede verdaderamente satisfacerte, y si le fallas, puede verdaderamente perdonarte.[3]

Con este conocimiento plantado firmemente en nuestro cerebro, podemos entender el concepto de que el «encantamiento» con otro ser humano es meramente ilusión, fantasía, quimera, y proyecciones mal dirigidas.

El desencantamiento, sin embargo, es el proceso de aceptar una realidad capacitadora. Es salir a la superficie del agua para encontrar nuestra orientación en lugar de estar nadando en círculos, pensando que nos dirigimos a casa cuando en realidad estamos perdidos en el mar.

Lo que con frecuencia buscamos desesperadamente en otros, *ya lo poseemos* en Dios y en nosotros mismos. Debido a que Dios nos ama, podemos aprender a amarnos a nosotros mismos y a otros. Debido a que

Dios nos consuela, podemos consolarnos a nosotros mismos y a otros. Debido a que Dios suple cada una de nuestras necesidades, podemos mantenernos firmes y ayudar a otros a hacer lo mismo. Podemos ver a alguien que encaja en nuestro molde y en lugar de atraerlo a nuestro vacío emocional y hacer un ídolo de esa persona, podemos simplemente quedarnos sentados con ese sentimiento. Podemos permitir que los sentimientos que giran en nuestro interior se conviertan en inspiración para la alabanza: «Gracias, Señor, ¡por haber hecho una obra de arte!», y decidir adorar al Creador en lugar de adorar a la creación.

> «Si no encuentro en mí mismo un deseo que ninguna experiencia en este mundo puede satisfacer, la explicación más probable es que yo fuese creado para otro mundo».[4]
> —C. S. Lewis

Aceptar el desencantamiento con los seres humanos y el encantamiento solamente con Dios nos permite crecer, nos sitúa en nuestras medias de mujer o nuestros pantalones de hombre, para ser los adultos responsables y espiritualmente maduros que Dios nos creó para que fuésemos. En lugar de fantasear sobre que otra persona satisface todas nuestras necesidades y traficar con nuestro cuerpo para obtener la atención y el afecto que deseamos, podemos prestar atención a las necesidades genuinas de otros y expresar afecto hacia nuestros seres queridos de maneras sanas y santas.

ENTRE BAMBALINAS: BUSCAR EL LADO MÁS TIERNO DE DIOS

Mi mamá pasó la mayoría de su carrera como vendedora en Sears, Roebuck and Co., así que no solo teníamos productos de Sears, sino que también teníamos electrodomésticos en la cocina y la habitación de la colada, y pantalones Toughskins en nuestros armarios.

Recuerdo con mucha claridad cuando Sears presentó una nueva campaña de marketing con el eslogan «Ven a ver el lado más tierno de Sears». Ellos querían hacer conscientes a los consumidores de que no se trataba solo de herramientas Craftsman y baterías DieHard, sino también de pequeños vestidos negros, elegantes tacones haciendo juego con esos vestidos, y también alhajas y bolsos. Sears no era solo una «tienda para hombres», sino un lugar donde tanto hombres *como* mujeres podían comprar cualquier cosa que necesitaran.

Me gustaría comenzar una campaña parecida, con el eslogan «¡Ven a ver el lado más tierno de Dios!». Hemos crecido sabiendo que Dios es estupendo en pelear batallas y matar a enemigos, y hacer todo tipo de tareas «de hombre», pero ¿reconocemos que Él es igualmente bueno con respecto a ser tierno? ¿Podemos sentir a Dios recogiéndonos para que nos consolemos en su regazo, o limpiando suavemente nuestras lágrimas, o abrazándonos en un cálido abrazo?

Desgraciadamente, con frecuencia equiparamos ternura exclusivamente con lo femenino, y debido a que nuestro paradigma de Dios es tan masculino, es difícil imaginar a Dios siendo la cuidadora femenina que con frecuencia deseamos. Por tanto, ¿qué hacemos cuando suponemos (falsamente) que Dios no posee la ternura que nosotros anhelamos? Gravitamos de modo natural hacia la única dirección donde sabemos mirar, hacia las mujeres, del único modo en que sabemos hacerlo: sexualmente.

Tendrías que haberte ocultado detrás de una roca para no observar lo mucho que nuestra cultura idolatra el cuerpo femenino. No estoy diciendo que no haya nada sexy en la psique del varón, pero la mayoría de los hombres reconocen que sus cuerpos palidecen en comparación con el de la mujer. Sin mujeres dispuestas a quitarse la ropa, la industria de la pornografía tendría que cerrar. Hemos elevado la imagen de la mujer sexy (piensa en Marilyn Monroe, Beyoncé Knowles y Kate Upton) a estatus de diosa, y la sociedad se inclina ante esa imagen (y muchas otras como ellas) con su tiempo, atención, dinero y energías sexuales.

Y parece haber algo que atrae mágicamente a los hombres (y a las mujeres) en dirección a la sensual imagen femenina. Yo creo que hay dos razones para este empuje sobrenatural: nuestro anhelo de relación con el lado más tierno de la humanidad, y nuestro anhelo de relación con el lado más tierno de Dios.

Hemos sido creados como seres humanos para querer tener cercanía con una mujer debido a la familiaridad que ella representa. La vida puede equipararse a una búsqueda en la que solo damos sentido al viaje al regresar a nuestro destino original. Para los seres humanos, esto equivale a una fascinación con el orgasmo y el cuerpo femenino, porque *es* ahí donde nos originamos. Como resultado del orgasmo fuimos concebidos, y nuestras *primeras* experiencias tienen lugar no en el parto y en un quirófano, sino en el útero y la vagina femeninos. El vientre es nuestro primer hogar. No es extraño que los genitales femeninos sean un misterio cautivador, ¡para hombres y para mujeres!

Y en el momento en que salimos de ese vientre, somos inmediatamente lanzados... ¿dónde? No al pecho masculino, sino al pecho femenino. Se convirtió en nuestro nuevo hogar de donde provenía el desayuno, el almuerzo y la cena. Recientemente estaba visitando a una amiga que acababa de tener una hija, y el nivel de agitación del bebé revelaba que era la hora de la comida. La recién nacida se movía de modo inquieto hasta que su mamá la acercó a su pecho, y entonces ella se relajó por completo, dando múltiples suspiros de alivio y contentamiento. Nuestro instinto de supervivencia establece la conexión de que ese lugar tierno y cálido es donde residen la comodidad, la seguridad y el alimento.

Por tanto, los futuros anhelos emocionales de comodidad y satisfacción podrían dar como resultado de modo natural un abrumador deseo de *regresar* a la potente imagen mental del pecho.

Este deseo es lo que conduce a muchos a la distracción: mirar pornografía, visitar bares de topless y clubes de striptease, buscar a una prostituta, una aventura sexual o una pareja lesbiana. Pero ¿podría haber un anhelo espiritual aún más profundo detrás de tales deseos sexuales?

Yo creo que sí, porque también hemos sido creados para desear una conexión íntima no solo con la ternura terrenal, sino también con la ternura sagrada: es el lado de Dios que representa la feminidad. Debido a que hombres y mujeres somos creados a imagen de Dios (Génesis 1.27), es una conclusión razonable decir que Dios no es ni varón ni hembra, sino *ambos*. Él es la combinación perfecta de masculinidad y feminidad.

Ya que la mayoría de denominaciones aceptan una imagen de Dios estrictamente masculina, solo escuchamos referencias a Él como «Padre», nunca como «Madre». Esto crea dos dilemas psicológicos. En primer lugar, para la mujer que recibió abuso por parte de su padre o de un importante varón en su vida, relacionarse con Dios como un Padre puede sentirlo como una proposición peligrosa. Sin embargo, podría sentirse más segura relacionándose con Dios como una Madre, ya que las madres con frecuencia dibujan una imagen más tierna y más amable de Dios en nuestra mente que nuestros padres.

En segundo lugar, para el hombre que desea intimidad relacional, ¿dónde puede acudir? Lo más probable es que haya sido condicionado culturalmente a pensar que solamente los hombres gay recurren a otros hombres. Y ya que en su mente Dios es una figura masculina, es un desafío establecer la conexión mental, emocional y espiritual de que Dios es la fuente de la satisfacción que él busca. De modo natural, él recurre en cambio a *mujeres*.

Pero las mujeres no pueden satisfacer a los hombres mejor de lo que los hombres pueden satisfacer a las mujeres. *Sí, lo intentamos.* Pero nos agotamos el uno al otro, y cada vez estamos más desilusionados con el modo en que el sexo opuesto nunca puede estar a la altura de nuestras expectativas de satisfacer todas nuestras necesidades emocionales y sexuales.

No fuimos creados para completarnos totalmente el uno al otro, solo para hacernos cumplidos el uno al otro. Debemos buscar a Dios para completarnos, y eso solo puede hacerse cuando aceptamos no solo el lado masculino de Dios sino también el lado femenino.

Si estás pensando que esto suena más a «nueva era» que a la Biblia, considera que la palabra hebrea *shaddai* viene de la raíz «pecho», y una de las palabras más comunes para Dios, *El Shaddai*, utilizada cuarenta y ocho veces en el Antiguo Testamento, puede traducirse como «con muchos pechos».[5] En otras palabras, Dios no es solamente la figura paterna que protege y provee, sino que es también la figura materna que alimenta y consuela. Es un Dios que *puede* satisfacer todas nuestras necesidades... si solo le permitimos que lo haga.

6

Cuando «una sola carne»
no es suficiente carne

Cuando yo era adolescente, mis padres me preguntaron si quería ir a una cita doble con ellos y sus amigos, Dwayne y Jean. Ser una quinta rueda en una de las citas dobles de tus padres no era exactamente mi ideal de cómo pasar una tarde de sábado, pero yo no tenía ningún otro plan, y cuando supe que iban a ir a mi restaurante favorito donde había un bufet libre de mariscos, cedí.

Dwayne era un hombre de negocios local que tenía una tienda de pianos en el centro de Greenville, Texas. Él conocía a todos los demás dueños de tiendas de la zona y cómo iban los negocios para cada uno de ellos.

Mientras comíamos en ese restaurante de mariscos, Dwayne mencionó varias veces lo triste que era que el restaurante probablemente fuese a cerrar pronto. Mi curiosidad me venció después de que él sacase el tema una tercera vez, y pregunté: «¿Por qué no pueden mantenerse en el negocio?».

«¡Porque la gente es avariciosa!», respondió él, entrecerrando sus ojos mientras me miraba fijamente. «Pierden dinero en su bufet libre porque los clientes agarran *mucho más* de lo que pueden comer, ¡y muchos llenan bolsas de comida para llevársela a casa también! ¡Incluso roban de la mesa los condimentos! ¿Puedes creer lo avaricioso que eso es?».

Yo miré por encima de su hombro, donde había un letrero en la pared que confirmaba la teoría de Dwayne. LOS PRODUCTOS DEL BUFET SON SOLO PARA CONSUMIR EN EL RESTAURANTE. *Vaya... la gente es avariciosa, y los dueños del negocio sufren. ¡Qué triste!*, pensé.

La mañana siguiente, mi madre y yo estábamos en la iglesia, y cuando comenzaron a pasar la canasta de la ofrenda, ella comenzó a abrir su bolsa. De repente, la cerró de golpe, como si hubiese una medusa dentro a punto de picarle o algo. Su cara se puso pálida a la vez que miraba fijamente hacia delante, intentando procesar lo que acababa de ver. Yo agarré la bolsa de entre sus manos y miré en el interior. Estaba llena de docenas de paquetes individualmente cerrados de galletas, kétchup y salsa tártara, ¡además de muchas patatas fritas y tortas de maíz fritas envueltas en servilletas!

Con ojos abiertos como platos, la miré, y exactamente en el mismo momento se encendió la bombilla en nuestros dos cerebros. «¡Dwayne!», nos dijimos en silencio la una a la otra. Entonces, nos dio tanta risa su pequeña travesura que hicimos que el banco se moviera con nuestras risas ahogadas.

Aunque nosotros nos habíamos llevado toda la broma, Dwayne tenía razón. La gente *es* avariciosa a veces; y no solo en un bufet libre. A veces somos avariciosos y egoístas en la alcoba. Y la sociedad ha llegado a ser *muy* creativa en cuanto a nuestro egoísmo sexual. Si «una carne» no es suficiente carne, uno puede ampliar horizontes relacionales de diversas maneras. El camino más comúnmente transitado es mediante una aventura extramatrimonial, pero existen otras posibilidades, especialmente en las fantasías de las personas. En la cabeza humana, no solo se producen engaños, sino también intercambios, tríos, ¡e incluso orgías!

CUANTO MÁS HAYA, ¿MÁS DIVERTIDO?

Puede ser sorprendente saber que algunas personas (incluso cristianas) fantasean en esta dirección, pero lo cierto es que es verdad. Recordemos las estadísticas de Brett Kahr que citamos anteriormente de *Who's Been Sleeping in Your Head?*:

- Casi el noventa por ciento de adultos fantasean con alguien que no sea el con quien está teniendo relaciones.
- El cuarenta y uno por ciento imagina sexo con la pareja de otra persona.
- El treinta y nueve por ciento fantasea acerca del sexo con un compañero de trabajo.
- El veinticinco por ciento fantasea con celebridades.

En el mismo libro, Kahr también afirma:

- El veintiocho por ciento de las mujeres fantasean sobre sexo con dos hombres.
- El cincuenta y ocho por ciento de las mujeres fantasean sobre sexo con dos mujeres.[1]

Según otras encuestas, las principales fantasías sexuales de los hombres incluyen tríos y ver a lesbianas practicar sexo la una con la otra.[2]

Como explicamos anteriormente, las fantasías normalmente no se tratan de los rostros que aparecen en nuestras mentes. Se tratan de *nosotros*. Por tanto, debemos considerar los arquetipos representados, el argumento que se proyecta y el significado más profundo que hay detrás de esas películas mentales. Y debido a que somos criaturas sexuales, esas películas se proyectan a pesar de nuestros mejores esfuerzos por mantenerlas a raya.

Incluso si nos las arreglamos para apartarlas de nuestro cerebro durante las horas en que estamos despiertos, con frecuencia se cuelan en nuestros sueños. En el episodio «¿Qué son los sueños?» del canal NOVA, aprendí que nuestros sueños son con la mayor frecuencia polígamos. De hecho, según Antonio Zadra, investigador del sueño en la Universidad de Montreal, los sueños sexuales de una mujer incluyen a otra persona aparte de su cónyuge el ochenta por ciento de las veces, y los sueños sexuales de un hombre incluyen a una pareja extramatrimonial el ochenta y seis por ciento de las veces.[3]

Por tanto, con mayor frecuencia, nuestras actividades mentales se aventuran mucho más lejos de los saludables límites establecidos para nosotros en la Escritura.

¿CÓMO LLEGAMOS HASTA AQUÍ?

Desde luego, el que una carne no sea suficiente carne no es nada nuevo. Pero ¿te has preguntado alguna vez donde se originó la fantasía de ser sexual con más de una persona? ¿O quién fue el primero que sepamos que puso en práctica la fantasía?

La respuesta a la segunda pregunta es Lamec. Solamente seis generaciones después de Adán vemos la primera relación polígama, mencionada en la Biblia en Génesis 4.19 cuando Lamec se casa con *dos* mujeres: Ada y Zila.

La respuesta a la primera pregunta (dónde se originó el concepto de múltiples parejas sexuales), yo creo que es obra del diablo. Pensémoslo. Dios diseñó el matrimonio de modo que «el hombre deja a su padre y a su madre, y se une a su mujer, y los dos se funden en un solo ser» (Génesis 2.24). Él no creó varios hombres y mujeres y dijo: «¡Escojan, señoras y caballeros! ¿No pueden decidir? ¡Prueben todo lo que quieran!». Tampoco Él hizo ninguna concesión para que tres, cuatro o más personas se unieran temporalmente y se fundieron en «un solo ser».

Este milagro matemático de uno + uno = uno es algo que solamente Dios mismo pudo haber imaginado u orquestado. Pero, desde luego, Satanás nunca está satisfecho con dejar tranquila a la creación de Dios. Él quiere añadir giros y curvas a las cosas, y atraer a las personas a relaciones polígamas fue uno de sus primeros intentos para distorsionar el perfecto plan de Dios de la intimidad sexual entre *un* esposo y *una* esposa.

Nunca en la historia fue más clara esta distorsión que en el caso del rey Salomón. En 1 Reyes 11.2–3 leemos:

> el Señor había dicho a los israelitas: «No se unan a ellas, ni ellas a ustedes, porque de seguro les desviarán el corazón para que sigan a otros dioses.» Con tales mujeres se unió Salomón y tuvo amoríos. Tuvo setecientas esposas que eran princesas, y trescientas concubinas; todas estas mujeres hicieron que se pervirtiera su corazón.

El rey Salomón es considerado uno de los hombres más sabios que hayan vivido jamás, ¡pero uno tiene que preguntarse acerca de la sabiduría de un hombre que decide casarse con setecientas mujeres! ¡Y tener trescientas concubinas para cebarse! Qué irónico que *este* hombre, que tenía todas las esposas (y todo el sexo) que quería, escribiese palabras como:

> Lo más absurdo de lo absurdo,
> —dice el Maestro—,
> lo más absurdo de lo absurdo,
> ¡todo es un absurdo! ...
> Todas las cosas hastían
> más de lo que es posible expresar.
> Ni se sacian los ojos de ver,
> ni se hartan los oídos de oír. (Eclesiastés 1.2, 8)

Yo creo que lo más sabio que podemos sacar del rey Salomón es que *ninguna lujuria es jamás plenamente satisfecha*, y ni siquiera tener todo un harén de compañeros sexuales a tu disposición es suficiente para satisfacer a un ser humano caído. Desgraciadamente, todos encajamos en esa categoría de «caídos».

Desde luego, hay leyes en la mayoría de países que prohíben la poligamia, de modo que tener realmente más de un cónyuge no es un problema en nuestra sociedad. Pero tener más de un compañero sexual, ya sea en la realidad o la fantasía, es innegablemente un problema. Por ejemplo, independientemente de los anillos de boda que haya en nuestros dedos y de las creencias espirituales conservadoras, los pensamientos internos de estos hombres y mujeres son mucho más poliamorosos de lo que permiten la mayoría de brújulas morales:

- Patricia, de treinta y dos años, quien admite que es incapaz de experimentar un orgasmo sin pensar en alguien al lado de su esposo, y últimamente con frecuencia fantasea con su quiropráctico.
- Paul, de cincuenta y cinco años, se preguntó por años como sería formar un trío con su esposa y otra mujer.
- Andrew, de treinta y seis años, confesó a su esposa que se masturba con fantasías sexuales de una amiga mutua de la iglesia.

- Renee, de cuarenta y un años, volvió a conectar por Facebook con el padre de sus dos primeros hijos, y durante meses después proyectó una película mental de «¿quizá fuese él con quien debiera haberme quedado, después de todo?».
- Glenn, de sesenta y dos años, recuerda fantasear junto con su esposa en los años setenta sobre intercambiar parejas con Lee Majors y Farrah Fawcett.
- Gloria, de cuarenta y ocho años, dice que su fantasía sexual más común, la que ella sabe que «aprieta su gatillo», la muestra a ella como un paciente en el hospital teniendo una orgía con múltiples médicos y enfermeras.

Aunque se han cambiado los nombres, cada uno de estos individuos representa escenarios reales que han llegado a mi oficina de consejería. Algunas personas sí hicieron lo correcto con sus fantasías; otras no fueron tan sabias. Pero antes de revelar el resto de sus historias, exploremos...

EL SIGNIFICADO MÁS PROFUNDO DE MÚLTIPLES PAREJAS

Aunque la primera respuesta cristiana al tipo de fantasías mencionadas aquí podría ser fácilmente de juicio o condenación, yo prefiero dejar el juicio a Dios y utilizar el cerebro que Él nos dio para llegar a la raíz del *porqué* la mente humana con frecuencia se aventura en esa dirección, a pesar de nuestros valores y moralidad monógama.

Como resultado de mucha lectura, investigación, entrevistas y oración, creo que hay varias explicaciones posibles dado lo que conocemos sobre el papel del cerebro en la excitación sexual. Esta lista no es exhaustiva, sino solo un comienzo para muchas teorías posibles:

- *La teoría de «colorear fuera de los bordes».* Aunque los padres cristianos ciertamente tienen buenas intenciones, con frecuencia creamos ambientes sexualmente represivos en los que nuestros hijos crecen. Y debido a que todos los niños finalmente llegan a una edad en que la moral y los valores de mamá y de papá se cuestionan, las normas y papeles sexuales con frecuencia también son cuestionados, quizá con gran escepticismo. Este proceso es necesario para que ellos adopten ciertos valores espirituales y sexuales como propios, en lugar de ser solamente una herencia. Por tanto, a veces una fantasía sobre sexo fuera de las convenciones (como con más de una pareja) es la manera que tiene nuestra mente de dar un paseo por el lado salvaje. Tal cosa es el modo que tiene el cerebro de intentar curarse a sí mismo de la excesiva identificación o codependencia de figuras paternales.

- *La teoría de «duplica tu placer, duplica tu diversión».* Si tienes más de cuarenta años, recordarás los anuncios de la goma de mascar Doublemint, que presentaba a los gemelos Doublemint. Esta teoría es la más sencilla: si tienes a *dos* personas dándote placer sexualmente, se sentirá *dos veces* más agradable. Alguien que se sintiera privado de alguna manera cuando era niño puede que gravite hacia esta mentalidad de querer «más de su parte legítima» por si no hay suficiente en el futuro. Esta es la manera que tiene el cerebro de intentar curarse a sí mismo del temor a la pobreza o la escasez.

- *La teoría de lo «irresistible».* Debido a que acumulamos tantos mensajes negativos sobre nuestro aspecto, nuestras capacidades y nuestra deseabilidad (o falta de ella), vivimos como niños y niñas heridos y atrapados dentro de cuerpos de hombres y mujeres maduros. Pero si hay más de una persona que quiere estar sexualmente con nosotros simultáneamente, eso debe de significar que merecemos ser amados y agradados, y que somos irresistibles para algunas personas, en cierto nivel. Y a medida que esos «otros» pierden toda inhibición sexual en nuestra presencia, nos sentiremos más seguros con respecto a soltar también nuestras propias inhibiciones. Ese es el modo que tiene el cerebro de intentar curarse a sí mismo de la baja autoestima.

- *La teoría de «demasiado para manejarlo».* La idea de que mi cónyuge no es suficiente para satisfacerme plenamente es relativamente común, en especial entre los hombres (o entre mujeres que alcanzan su cumbre sexual, normalmente a los cuarenta años).

Tener múltiples parejas sexuales, ya sea individualmente o al mismo tiempo, alivia los temores de estar poniendo demasiada carga sobre una sola persona. Yo creo que esto surge de haber crecido con padres que nos enviaron el mensaje de modo manifiesto o encubierto: «No tengo tiempo ni energía para ti», lo cual crea lo que se siente como un Gran Cañón de necesidades emocionales (y sexuales) en nuestro espíritu. En lo profundo de nuestro ser, suponemos que un ser humano nunca puede llenar el vacío, y por eso fantaseamos con tener múltiples personas para hacerlo. Este es el modo que tiene el cerebro de curarse a sí mismo de la necesidad.

- *La teoría de «compartir la carga».* Cuando participamos en el sexo con más de una pareja, otras personas están presentes para ocuparse de la responsabilidad de proporcionar placer a cada participante. De esa manera, ya no se trata de rendimiento personal, sino de ser un jugador de equipo. Esta mentalidad es con frecuencia el resultado de haber crecido sintiéndonos inseguros sobre nuestras propias capacidades para estar a la altura de las expectativas de otras personas, como es el caso de un niño cuyo padre o madre es un extremo perfeccionista. Este es el modo que tiene el cerebro de intentar curarse a sí mismo de la ansiedad por el rendimiento.

- *La teoría de «no hay gay si son tres».* No podemos pasar por alto el hecho de que una fantasía o tener múltiples parejas simultáneamente con frecuencia se equipara a pensamientos sexuales que son tanto heterosexuales como homosexuales en naturaleza. Si se tienen tres personas, pero solamente dos géneros, entonces alguien está haciendo algo con una persona del mismo sexo. Exploraremos las fantasías homosexuales en el siguiente capítulo, pero en este contexto yo creo que quien fantasea está creando mentalmente un contexto más socialmente aceptable para explorar sus curiosidades homosexuales. Este es el modo que tiene el cerebro de intentar curarse a sí mismo de la confusión de identidad o la culpabilidad por desear lo que se considera socialmente y espiritualmente tabú.

- *La teoría de «lo más cerca del cielo».* He pensado mucho y he orado mucho con respecto a por qué a cualquiera (especialmente los cristianos) le resultaría sexualmente excitante el pensamiento de una orgía en grupo. Creo verdaderamente que por debajo de todo deseo sexual está un deseo espiritual aún más profundo, y cuando pienso en cómo será el cielo, imagino completa unidad, armonía y amor distinto a nada de lo que hayamos experimentado aquí en la tierra entre criaturas caídas. También imagino extrema intensidad, ¡ya que nunca nos aburriremos en el cielo! ¿No son esos los mismos sentimientos que intentamos crear en nuestra mente cuando imaginamos una orgía? (Aunque, garantizado, están llenos de las distorsiones sexuales retorcidas que nos han sido transmitidas desde Génesis.) Un grupo de personas con metas, deseos y pasiones similares, todos unidos en armonía para causarse gran intensidad y deleite el uno al otro posiblemente podría ser la manera (sexual) que tiene alguien de imaginar cómo sería el cielo. Por tanto, probablemente este sea el modo que tiene el cerebro de intentar curarse a sí mismo de la desilusión y el desengaño de las relaciones rotas.

En el libro *False Intimacy: Understanding the Struggle of Sexual Addition*, el doctor Harry Schaumburg explica:

Una fantasía sexual surge de un deseo de obtener más en una relación de lo que es posible. Es un intento de atiborrarnos de pasión y pasar a un estado libre de cualquier oportunidad para el desengaño. Dicho de modo sencillo, queremos entrar otra vez en el Huerto del Edén.

Pero el deseo mismo de conocer la dicha del Huerto aquí en la tierra está sesgado por nuestra obsesión con el yo. Al demandar la dicha de la calidez de alguien real o imaginado, llegamos a consumirnos con nosotros mismos, lo cual destruye precisamente el éxtasis que buscamos. No hay salida. Estamos encerrados en la realidad, queriendo siempre, y por tanto destruyendo siempre, lo que queremos. El proceso es descabellado. Hasta que lleguemos a consumirnos con el amor que desea dar por el bien del otro, todo gozo es una ilusión.[4]

Repito: podemos desarrollar muchas más teorías además de estas, pero el hilo común es que las fantasías sexuales son el modo que tiene el cerebro de intentar curarse a sí mismo de emociones que no son compatibles con el clímax. Los seres humanos debemos de algún modo limpiar nuestras mentes del «pensamiento apestoso» y compartimentar nuestro dolor el tiempo suficiente para experimentar el sentimiento reforzado de placer que deseamos de modo natural.

No sé de ti, pero creo que el que Dios haya creado el cerebro humano con esta capacidad es un absoluto milagro y un extravagante regalo por el cual estoy increíblemente agradecida.

Pero este regalo también puede dejarnos batallando con la pregunta...

¿FORMAN LAS FANTASÍAS BUENAS REALIDADES?

Con una mejor comprensión del papel que desempeñan nuestras fantasías sexuales, es mucho más fácil responder la pregunta: «¿Es esto lo que *realmente* queremos?». ¿En realidad deseamos tener múltiples parejas en la realidad, o estrictamente en nuestra mente? Regresemos a los individuos que presentamos anteriormente y descubramos cómo respondieron ellos estas preguntas... y las valiosas lecciones que aprendieron:

- Patricia se dio cuenta de que solamente porque alguien entre en tu mente cuando estás excitado sexualmente no significa que seas infiel. Ella comentó: «¡No siento la necesidad de fantasear con mi esposo porque él está aquí a mi lado!». También descubrió una explicación probable detrás de su fantasía con su quiropráctico; afortunadamente fue antes de hablar sobre ella al doctor y ponerse en

«Quien no puede soportar las pasiones de otras personas, no puede gobernar las suyas propias».[5]
—*Benjamin Franklin, Poor Richard´s Almanac*

ridículo, ¡o abrir una extraña lata de gusanos! Ella recuerda que su madre la llevaba al menos una vez al año para realizarle un ajuste, pero ella se sentía traumatizada por el tosco exterior del médico y sus rudas manos. Su nuevo quiropráctico, sin embargo, es la antítesis del que tenía cuando era niña. Es joven, guapo, amigable, y tiene un enfoque más amable. Ella solamente se siente más tranquila que antes, y está bajando su guardia mental de la posición de «extremo temor» que tenía cuando era niña.

- Después de años de alentar a su esposa, Theresa, a mantener «su radar en guardia» en busca de una potencial pareja para un trío (en parte como broma, y en parte no), Paul obtuvo su deseo. Solo que salió mal. Theresa dice que cedió a sus numerosas peticiones como un último intento por salvar su problemático matrimonio. Aunque él supuso que la experiencia les llevaría a nuevos niveles de pasión y placer y que rascaría su picor, se quedó rascándose su cabeza. Parecía que Theresa prefería a esa mujer *antes que* a él, tanto dentro como fuera del dormitorio. Le dejaban al margen durante la mayor parte del encuentro, experimentando la punzada de rechazo no solo de una sino de *dos* mujeres simultáneamente, lo cual fue un importante golpe para su ego. Entonces Theresa comenzó a pasar la mayor parte de las noches y los fines de semana con aquella otra mujer. Su matrimonio no sobrevivió cuando Theresa decidió dejarle y seguir su nuevo estilo de vida de lesbianismo.

- Cuando Andrew confesó a su esposa que se masturbaba con una fantasía de una amiga, sus intenciones eran puras. Él nunca las puso en práctica, pero se sentía verdaderamente horrible y quiso absolverse a sí mismo de la culpabilidad. El problema fue que su esposa se crió en un hogar donde su padre le era infiel a su madre, y esa nueva noticia levantó la costra de aquella herida. Ella supuso que Andrew se dirigía en la misma dirección, y quiso hacer todo lo posible por evitar eso. Ella demandó que él hiciera una lista y mencionase a cada mujer con la que había fantaseado, y ella se aseguraría de que ninguna de esas mujeres estuviera cerca nunca. Andrew quedó mortificado por su respuesta radical, pero cedió por desesperación para calmar su enojo, aunque ella aún parece muy enojada años después. Él admite: «Sé que no debería haber fantaseado con otra mujer en un principio, pero si hubiera sabido lo que eso haría a mi esposa y a mi matrimonio, ¡habría escogido sin duda a otra persona a quien darle cuentas!».

- Cuando Renee contactó de nuevo con su primer esposo vía Facebook, estaba intentando sanar las heridas que los dos habían sufrido a causa de un amargo divorcio años antes. Sin embargo, lo que ella no esperaba fue que algunas épocas emocionales y financieras difíciles en su segundo matrimonio le hicieran fantasear sobre esa «hierba más verde al otro lado de la valla» que en un tiempo disfrutó. Ella se reunió con él en un hotel «para recordar viejos tiempos» y practicaron sexo, lo cual resultó ir increíblemente en contra de algo culminante cuando él se dio la vuelta y se quedó dormido justamente después. Ella se quedó tumbada durante horas pensando en lo que acababa de hacer, y preocupada por el impacto que tendría en su segundo matrimonio. Renee dijo: «¡La realidad de estar con él otra vez ni se acercó a ser tan buena como la fantasía! ¡Me gustaría haber dejado tranquilo a ese perro durmiente!». Entonces continuó: «Bueno... supongo que en cierto modo lo hice, ¡pero no con tanta rapidez como debería haberlo hecho!».

- Cuando Glenn vio a Farrah Fawcett dando una entrevista con su esposo Lee Majors, señaló a Farrah y bromeó con su esposa: «¡Yo arriesgaría mi matrimonio por eso!». Afortunadamente, ella se ajustaba bien a las situaciones, y señalando a Lee Majors, respondió: «¡Yo arriesgaría mi matrimonio por *eso*!». Desde luego, ellos nunca pusieron en práctica esa fantasía de ninguna manera. Realmente se convirtió en una broma entre ellos dos, y cada vez que ponían en televisión *Los ángeles de Charlie* o *El hombre de los seis millones de dólares*, ¡los dos sabían que saltarían algunas chispas sexuales entre ellos! Ellos supieron que no es necesario tomarse las fantasías del cónyuge con celebridades (o las propias) demasiado en serio.

- Las fantasías de orgías en el hospital de Gloria la inquietaron durante décadas, y finalmente se lo confesó a su esposo después de veinte años de matrimonio. Él fue en realidad quien le ayudó a establecer la conexión entre su presente sexual y su pasado distante. «¿No estuviste en el hospital por mucho tiempo cuando eras pequeña?», le preguntó él. En efecto, cuando Gloria tenía once años, su madre y ella pasaron tres semanas en habitaciones de hospital separadas después de un grave accidente de tráfico. Gloria recuerda que aquel fue un período muy aterrador, pero los médicos y enfermeras eran tan consoladores con todas sus bromas y expresiones de compasión e interés, que varios de ellos llegaron a caerle muy bien. «¡No era extraño que mi cerebro gravite hacia eso cuando quiero relajarme, sentirme segura y recibir placer!», entiende ella.

Es una maravilla el modo en que el cerebro humano crea relaciones íntimas con ciertas personas, lugares, cosas o sensaciones. No hay necesidad de darnos a nosotros mismos cuarenta latigazos, o correr a confesar, o revolvernos en la culpabilidad por una imaginación sexual gráfica. Podemos dar gracias a Dios porque:

- nuestro cerebro sepa cómo compensar tan bien, convirtiendo el dolor emocional en placer erótico y las cargas traumáticas en sabiduría atesorada.
- Él no nos condena por operar mentalmente de esa manera, porque todo ello es una parte de su divino diseño para el ser humano.
- podemos unir nuestros propios puntos y dar sentido a nuestros pensamientos sexuales, en lugar de intentar convertir la fantasía en realidad.

El increíble cerebro sexual

¿Te has preguntado alguna vez lo que sucede en el cerebro durante la excitación sexual y el clímax?

Un equipo de científicos en la Universidad de Groningen en Holanda lo hizo, y realizó una extensa investigación para revelar las respuestas. Utilizando escáneres PET para monitorear a los sujetos mientras descansaban, a la vez que eran estimulados sexualmente, y mientras tenían un orgasmo, descubrieron los siguientes detalles fascinantes:

- La zona del cerebro que está detrás del ojo izquierdo, el córtex lateral orbitofrontal, es el asiento de la razón y del control de la conducta. Tanto en hombres como en mujeres, esta región se cierra durante el orgasmo. Eso es lo que proporciona el sentimiento de estar fuera del control que crea confusión, pero también produce un intenso placer.[6] (Quizá el orgasmo realmente sea la manera que tiene nuestro Dios soberano de recordarnos que no estamos tan «en control» como creemos que estamos.)

- Cuando se compara el cerebro de una persona que consume heroína y el cerebro de una persona que está teniendo un orgasmo, son iguales en un noventa y cinco por ciento.[7] (Quizá el clímax sea el modo que tiene Dios de proporcionar una manera legal, barata y saludable de tener un «arrebato».)

- Los cerebros de las mujeres mostraban menor actividad en la amígdala y el hipocampo, los cuales controlan el temor y la ansiedad. Esto podría explicar por qué las mujeres tienen más necesidad de sentirse seguras y relajadas a fin de disfrutar del sexo.[8] (Quizá este sea el modo que tiene Dios de asegurar que la *intimidad* se busque por encima de la *intensidad* en una relación sexual.)

La ciencia médica prueba una vez más que cuanto más aprendemos sobre el cuerpo humano y su modo de funcionar, ¡más nos asombramos ante nuestro magnífico Creador!

La necesidad de consuelo, seguridad, amor e intimidad en las relaciones es lo que nos separa del reino animal. Si fuésemos solamente manojos de hormonas que buscan estar con cualquiera para obtener satisfacción sexual, seríamos perros y no seres humanos.

Pero al menos los animales saben por instinto que el sexo es para *dos*, y no para tres, cuatro o más. Uno nunca ve a monos, rayas manta, vacas o cacatúas teniendo tríos u orgías, porque eso no es natural. Por tanto, ¿por qué los seres humanos intentamos complicar algo que es tan sencillo? ¿Por qué a veces suponemos que los escenarios subidos de tono que se producen en nuestro cerebro necesitan ser puestos en práctica en la vida real para proporcionar satisfacción? Yo creo que se debe a que no entendemos dónde se encuentra verdaderamente la satisfacción sexual: en el poder de la unión en una sola carne.

EL PODER DE «UNA CARNE»

Si no tenemos cuidado, podemos comenzar a creer que Dios es un aguafiestas sobrenatural que quiere robarnos placer limitando nuestros compañeros sexuales. La realidad es que Dios quiere *mejorar* nuestro placer limitando nuestro dolor emocional. Él sabe que cuando dos seres humanos experimentan intimidad sexual el uno con el otro, forman un fuerte vínculo emocional y espiritual, un vínculo que produce un dolor atroz cuando debe ser roto.

El matrimonio está diseñado de tal modo que esa dolorosa separación *nunca* tenga lugar. Garantizado: hay muchas veces en que nos hacemos daño el uno al otro, después hablamos al respecto y recorremos el dolor juntos, y sanamos juntos y crecemos juntos. Y durante este proceso sagrado, el sexo refuerza nuestra relación. Este tipo de intimidad sexual entre cónyuges penetra profundamente hasta las fibras de nuestro ser, mucho más de lo que lo hace el sexo fuera del matrimonio. Es como la diferencia existente entre el pegamento y la cinta adhesiva. Si nuestro cerebro está buscando un sentimiento de permanencia y seguridad para experimentar la más alta de las cumbres sexuales, no necesitamos buscar más lejos de la persona cuya cabeza ya está sobre la almohada a nuestro lado.

Considerar a tu cónyuge no solo como un acompañante o compañero de cuarto, sino como un alma gemela sexual, requerirá abandonar tu «versión de fantasía» de la intimidad y aceptar la verdadera. La intimidad genuina puede definirse mejor diciendo: «Te permitiré que veas las partes más profundas de mí sin temor ni vacilación. Yo miraré las partes más profundas de ti sin juicio o condenación. Te amaré tan completamente e incondicionalmente como me amo a mí mismo».

Con esta mentalidad podemos llegar a estar dispuestos a ofrecer tu yo desinhibido por completo, dejando atrás el dolor, las cicatrices, las manchas, las fantasías mentales distorsionadas y todo lo demás. No te sientas como si tuvieras que tenerlo todo completamente arreglado antes de poder ser vulnerable en el dormitorio. Tu cónyuge te necesita *en este momento*, tal como eres, a fin de poder sentir la libertad de ser exactamente quien él o ella es. Como explica Gary Thomas, autor de *Sacred Marriage* (*Matrimonio sagrado*):

> Seguir entregando tu cuerpo a tu cónyuge incluso cuando crees que constituye un «bien dañado» puede ser tremendamente gratificante espiritualmente. Engendra humildad, servicio y un enfoque centrado en el otro, al igual que fija con fuerza un principio espiritual muy poderoso: da lo que tienes.[9]

Cuando estás dando todo lo que tienes, abres tus canales mentales para recibir precisamente los placeres que ofreces. Pero el sembrar tiene que llegar antes del recibir. Si estás en ello debido a tu deseo de *conseguir* en lugar de por tu deseo de *dar*, tu cónyuge automáticamente se sentirá más como una máquina expendedora sexual que como un compañero íntimo.

Recuerda: somos criaturas multifacéticas, que buscamos satisfacción no solo físicamente, sino también mentalmente, emocionalmente y espiritualmente. Por tanto, la meta de una unión en una sola carne es crear energía emocional y espiritual en el dormitorio tanto como es crear placer físico. Thomas continúa diciendo:

> El sexo se trata de toque físico, sin duda, pero se trata mucho más que de toque físico. Se trata de lo que sucede en el *interior* de nosotros. Desarrollar una vida sexual satisfactoria significa que yo mismo me preocupo más por aportar generosidad y servicio a la cama

que por aportar un abdomen con abdominales perfectos. Significa que veo a mi esposa como un templo santo de Dios, y no solo como un tentador cuerpo humano. Incluso significa que el sexo se convierte en una forma de oración física: un cuadro de la intimidad celestial que hace rival a la gloria *shekinah* de antaño.

Nuestro Dios, que es espíritu (Juan 4.24), puede encontrarse detrás del físico jadeo, sudor y la placentera mezcla de extremidades y partes corporales. Él no se aleja. Él quiere que corramos al sexo, pero que lo hagamos con su presencia, sus prioridades y sus virtudes marcando nuestra búsqueda. Si experimentamos el sexo de esa manera, seremos transformados en el lecho matrimonial tanto como somos transformados cuando estamos de rodillas en oración.[10]

Transformación espiritual, sanidad mental, sanidad emocional, consuelo y seguridad físicos, y enorme placer: estos son los frutos cosechados del sexo según el plan perfecto de Dios. Estas son las recompensas de gozarnos en nuestros papeles como esposo y esposa el uno con el otro.

Cuando nos perdemos, no en la fantasía sino en la realidad de compartir nuestro yo más íntimo con Dios y el uno con el otro, obtenemos el más profundo sentimiento de satisfacción humanamente posible. Experimentamos lo que significa ser verdaderamente una carne tanto con el Creador como con su creación.

Y no solo una carne es *suficiente* carne, sino que también puede proporcionar un sentimiento tan abrumador de éxtasis ¡que debiéramos sentirnos totalmente *avariciosos*!

Afortunadamente, gracias a Dios, no tenemos que hacerlo.

ENTRE BAMBALINAS: LO «MÁS BAJO» DE BRENT

Una energía nerviosa rebotaba en las paredes de mi oficina de consejería cuando Brent y Arlene estaban sentados muy tensos en mi sofá. Habían acudido a verme porque Arlene estaba teniendo «problemas de confianza» debido a algunas de las recientes actividades de Brent, actividades que revelaban que una carne no había sido suficiente carne para Brent.

Les pedí que uno de ellos explicase más extensamente esas actividades, y Arlene respondió: «Encontré pornografía en la computadora de Brent hace dos años, y él me prometió que no volvería a suceder más. Hasta donde yo sé, no ha sucedido, pero lo que ha hecho esta vez es mucho peor».

Ella pasó a explicar que había descubierto mensajes de texto y de correo electrónico con una mujer a la que él había conocido recientemente en una conferencia, y que algunos de esos mensajes incluían fotos de desnudos y videos de masturbación. «¿Cómo puedo volver a confiar en él?», clamó.

La verdad era que Brent no podía responder esa pregunta por qué no sabía cómo iba a volver a confiar *en sí mismo*. Él había batallado con las adicciones sexuales casi por dos décadas, y con sinceridad, estaba cansado de sí mismo y de su propia conducta.

Me reuní con Brent y Arlene varias veces durante un período de seis meses, centrándonos en retirar las capas de la adicción sexual de Brent para descubrir algunas de las raíces. Tal como expliqué: «No se puede cambiar el fruto hasta que se rastree la raíz».

Lo que supe sobre la vida de Brent fue desgarrador, y con frecuencia me pregunté cuántos hombres sinceramente dirían que sus historias son parecidas si conocieran los detalles. También me pregunté cuántas mujeres podrían ver más allá de las debilidades de sus esposos hasta sus genuinas necesidades emocionales si solamente conocieran la historia completa que hay detrás de sus conductas adictivas.

Le pedí a Brent que comenzase hablándome sobre su familia de origen. Como el pequeño de la familia, tenía una cercana relación con su mamá, pero sus hermanos mayores le castigaban por ello, llamándole «niño de mamá». Sus hermanos eran mucho más mayores y por eso él no tenía mucha relación con ellos. Brent describió a su papá como «no disponible emocionalmente porque siempre estaba en el trabajo o borracho». También recordó que su padre le disciplinaba injustamente. Describió sus principales sentimientos hacia su padre como *temor* y *falta de respeto*.

Brent casi se derrumbó en lágrimas cuando dedujo: «Odiaba a mi padre por todas esas razones, y sin embargo aquí estoy, ¡comportándome igual que él! Parece que no puedo serle fiel a mi esposa; ahogo mis tristezas pasando demasiado tiempo bebiendo con las personas con las que trabajo; desato el odio a mí mismo con mis hijos y los disciplino duramente; tengo temor a lo que soy capaz de hacer, ¡y soy la última persona en el planeta que se merece ningún respeto de nadie!». Fue durante esa sesión cuando el duro exterior de Arlene se agrietó, y su ira hacia Brent se fundió con la tristeza y el dolor.

Cuando exploramos la primera exposición de Brent a una conducta sexual inapropiada, comenzó cuando tenía siete años y descubrió las revistas de su padre *Penthouse* y *Playboy* debajo de la cama de sus padres. «Ver mujeres desnudas enviaba una ráfaga por mi barriga distinta a ninguna cosa que yo hubiera experimentado jamás, pero admito que me hacía enojar que mi papá estuviera mirando esas otras mujeres además de mi mamá. Yo no podía imaginar que a ella no le importaba eso, y me hacia querer darle un golpe en el estómago. Incluso a esa edad, yo sabía que mi mamá se merecía algo mejor, y recuerdo pensar que yo nunca querría que mi esposa se sintiera así de mal». Hubo una larga pausa, y entonces Brent agarró la mano de Arlene, le miró directamente a los ojos y con lágrimas admitió: «Pero lo he hecho... de muchas maneras... y no puedo decirte cuánto lo siento».

Cuando tenía diez años, Brent salió de la tienda de su papá para descubrirle a él con otra mujer apoyados contra el edificio y besándose apasionadamente. Cuando su papá vio que Brent había sido testigo de la escena, sonrió ligeramente, hizo un guiño y puso su dedo índice sobre sus labios como para decir: «Sh... mantengamos esto en secreto». Fue entonces cuando Brent interiorizó el mensaje de que «está bien que los hombres tengan secretos. Es sencillamente lo que hacen los hombres».

A los catorce años, Brent fue perseguido sexualmente por una muchacha de diecinueve años. Él recuerda: «Yo no quería necesariamente practicar sexo aún, especialmente no con una muchacha con la que sabía que ni siquiera podía salir, pero recordé que "es sencillamente lo que hacen los hombres", y quise desesperadamente sentirme como un hombre, así que fui adelante». Brent nunca se había detenido a considerar que había perdido su virginidad con una violadora de menores. (Sí, las mujeres que abusan sexualmente de muchachos menores de edad se comportan tan ilegalmente como un hombre que hace lo mismo con una muchacha menor.)

Yo le pregunté a Brent si sabía cuántas compañeras sexuales había tenido durante los últimos veinte años desde aquella primera experiencia. Él dudó, avergonzado del número que pasaba por su cabeza. Arlene le dijo: «¡Prometo que eso no va a cambiar como me siento contigo! Solo quiero que seas sincero; no solo conmigo, ¡sino contigo mismo!». Él calculó que probablemente se habría acostado con sesenta o setenta mujeres.

Reconociendo que Brent era aquello a lo que las mujeres comúnmente se refieren como «un bombón», hice una pregunta de seguimiento. «De esas mujeres, ¿cuántas dirías que te persiguieron *a ti* inapropiadamente, de forma parecida a tu primera experiencia sexual?». Él pensó durante varios segundos, y respondió: «Probablemente el noventa y cinco por ciento. Yo nunca *quise* realmente practicar sexo con ninguna mujer en particular a excepción de mi primera esposa, y Arlene [su segunda esposa]. Pero la fantasía de ser un "verdadero hombre" y ser "deseable" para una mujer me condujo a bajar mi guardia y hacer cosas bastante estúpidas de las que, con sinceridad, ¡no estoy orgulloso! Si *eso* es lo que hacen los hombres, ¡no estoy seguro de querer ser uno de ellos!».

Desde luego, Brent no tenía elección con respecto a si era un hombre o no, pero sí tenía elección con respecto a qué tipo de hombre quería ser. Hablamos extensamente de si estaba o no preparado para declarar a su conducta ilícita más reciente «lo más bajo». En efecto, Brent no tenía deseo alguno de descender más a las profundidades de la concesión sexual de lo que ya lo había hecho. No quería hacer más daño a Arlene. Estaba preparado para llegar a ser el hombre que deseaba haber sido desde un principio.

Comenzamos a limpiar el «refrigerador relacional» de Brent de todas las «sobras apestosas» de su niñez. Utilizando tarjetas, un marcador y un recipiente vacío, hablamos de algunas de las mentiras que él había creído sobre los hombres, las mujeres y el sexo. Mentiras como:

- Esto es lo que los hombres hacen.
- Está bien que los hombres guarden secretos con las mujeres.
- Un verdadero hombre da a las mujeres lo que ellas quieren, incluso si no es lo que *él* quiere.
- Mientras no llegue «hasta el final», no es engaño.

- Si llego hasta el final, ¿qué más da otra vez?
- Los hombres necesitan pornografía (o fotografías de desnudos con videos de masturbación) para estimularse visualmente, porque ver a sus esposas no es suficiente estímulo.
- Puedes ahogar el odio a ti mismo debido a toda tu mala conducta sexual en unos cuantos vasos de whisky.

Le pregunté a Brent qué quería hacer con ese recipiente lleno de sobras que se habían estropeado. ¿Quería llevárselo a casa y dejar que estropeasen su vida aún más, o quería dejarlo conmigo en mi oficina donde no volvería a ser una carga para él?

No me sorprendió que él escogiese dejarlo. Y Arlene se puso *muy contenta* al verle hacer eso.

7

Batallar con fantasías gay y lesbianas

Cuando me invitaron a ser una de las primeras oradoras en una conferencia de Exodus Internacional, me sentí honrada... pero vacilante. Después de buscar la raíz de mi ansiedad, me di cuenta de que no estaba segura de qué tipo de presentación hacer para esa audiencia en particular. Exodus International es un ministerio que se enfoca en capacitar a la iglesia. Exodus también ofrece orientación bíblica a individuos que están enfrentando la homosexualidad o han sido afectado personalmente por la misma.

Insegura de lo que yo tenía que ofrecer, finalmente decidí llamar al organizador de la conferencia, David, y ser sincera con respecto a mi dilema. Admití: «Estoy bastante perpleja en cuanto a qué tipo de mensaje crear. ¿Es usted consciente de que mi testimonio no incluye nada sobre homosexualidad?».

David respondió: «Shannon, no queremos que nos hable sobre la homosexualidad. Sencillamente queremos que usted sea transparente y comparta su historia personal de luchas sexuales y relacionales además de cómo Dios la ha acompañado a lo largo de su proceso de curación. ¡Enséñenos las intenciones divinas para la sexualidad bíblica y las relaciones sanas que Dios quiere que disfrutemos con el sexo opuesto!».

Ahora bien, yo sabía que *sí* podía hacer eso. Lo que no sabía, sin embargo, era que en realidad yo no iba a enseñar. Yo iba a aprender.

Durante un período de dos días, conocí a algunas de las personas más maravillosamente auténticas del planeta. No había ninguna máscara, ninguna postura, nada que endulzar. Nadie ocultaba su agenda al asistir a la conferencia. Muchos de los participantes una vez se consideraban gay, pero ya no querían seguir atrapados por esta identidad ni esta lucha. Sentían que era posible la libertad, y llegaron con hambre de aprender, de crecer, de sanar.

Fue una de las audiencias más receptivas que jamás haya encontrado. Pero repito: yo aprendí tanto como ellos (si no más). Y la mayor perla de verdad y sabiduría con la que me fui es que la homosexualidad no es solamente un fenómeno cultural o un asunto social. Después de la conferencia, la homosexualidad tenía hermosos rostros, nombres e historias. Sorprendentes historias.

NATURALEZA CONTRA EDUCACIÓN

Antes de hablar contigo de algunas de esas personas y sus historias, permíteme hacer un descargo de responsabilidad aquí. Sé que hay mucho debate acerca de si alguien nace gay o no, o es condicionado culturalmente para llegar a ser de ese modo. Todo el debate «naturaleza contra educación» ha estado ahí más tiempo incluso del que yo tengo vida, y hay muchas personas inteligentes y respetables a ambos lados de este tema.

Una de ellas es Louann Brizendine, médico, investigadora y autora de un libro de éxito de ventas titulado *The Female Brain* [El cerebro femenino], en el cual ella resume los siguientes descubrimientos acerca del cerebro de mujeres y hombres:

- La atracción hacia personas del mismo sexo se calcula que se produce en un cinco al diez por ciento de la población femenina.
- Los hombres tienen el doble de probabilidades que las mujeres de ser gay.
- Varios estudios a familias y gemelos proporcionan clara evidencia de un componente genético en la orientación sexual tanto de varones como de hembras.[1]

Basándose en la evidencia de su investigación, Dra. Brizendine cree que la homosexualidad está en la naturaleza de algunas personas. A pesar de cuáles sean nuestras perspectivas teológicas sobre la homosexualidad, no tenemos suficiente información científica para desaprobar esta teoría de que algunas personas están genéticamente predispuestas a la homosexualidad.

Añadamos a la mezcla otras opiniones como las de Cynthia Nixon, quien protagonizó durante años el programa de televisión *Sexo en la ciudad*. En una entrevista con el *New York Times*, ella afirmó que no había nacido gay, sino más bien «para mí, es una elección».[2] Otra mujer estuvo recientemente en la radio hablando de que ella solía ser lesbiana, pero ahora se va a casar con un hombre. Ella explicaba: «La comunidad gay me apoyó por completo mientras yo apoyé su agenda. Pero ahora que estoy derribando su mito de que "si uno es gay, es gay; sale del armario y sigue siendo así", bueno, no me apoyan tanto». Muchos hombres que asistieron a la conferencia de Exodus International se hicieron eco de este sentimiento. Mientras ellos escogieron estar con una pareja masculina, fueron celebrados. En cuanto decidieron dejar a esa pareja para encontrar una esposa y comenzar una familia, fueron aislados. Pero el hecho de que algunas personas que anteriormente eran gay *pueden* escoger a una pareja del sexo opuesto y encontrar una gran felicidad y satisfacción sexual es evidencia de que, para muchos, *es* una elección.

Establecer un caso a favor del argumento de naturaleza contra educación sin duda no está en mi agenda. Mi carga al escribir este capítulo es (1) por las personas que batallan por evitar o ser libres de la relaciones homosexuales, y (2) por las muchas mujeres y hombres que han experimentado fantasías homosexuales (y quedaron asombrados), aunque se consideren a sí mismos seres muy heterosexuales. Personas como:

- Monica, que a sus treinta y tantos años teme que podría ser gay porque sus sueños sexuales siempre han implicado a mujeres en lugar de a hombres, es incapaz de llegar al orgasmo con su esposo a menos que mentalmente entretenga fantasías lesbianas.
- Charlie, que mira pornografía gay masculina, batalla con el impulso de visitar una sala de masajes donde prostitutos ofrecen una variedad de otros «servicios».

- Gail, cuya «personalidad masculina» le condujo a adoptar una personalidad poco femenina cuando era niña, tiene una identidad bisexual como adulta.

Hay muchas capas en las fantasías homosexuales. Solamente cuando retiramos esas capas, revelando más de los detalles íntimos de la vida del individuo, es cuando podemos identificar la verdadera raíz de sus batallas sexuales.

RETIRAR LAS CAPAS

Entender los significados más profundos que hay detrás de las fantasías homosexuales es un proceso increíblemente complejo, porque nuestros cerebros son creaciones increíblemente complejas. Contrariamente a la creencia popular, la homosexualidad no se trata de lo que sucede entre las piernas de un hombre o una mujer; se trata de lo que sucede entre sus orejas. Y lo que sucede entre sus orejas con toda probabilidad comenzó mucho antes de la pubertad.

El misterio de Monica

Monica explicó en nuestra primera sesión: «Me enfrento a imágenes lesbianas mientras mi esposo me está dando placer, ¡y odio eso en mí! Me siento realmente mal por permitir que haya esos pensamientos en mi cabeza. He orado una y otra vez por liberación de eso, pero me sigue resultando imposible experimentar un orgasmo de ninguna otra manera».

Cuando comenzamos a sacar a la luz los primeros recuerdos de Monica, ella recuerda que su padre llegaba a casa frecuentemente del trabajo con un mal estado de ánimo. «¡Todos caminábamos de puntillas cuando sabíamos que papá estaba de mal humor!», recordaba ella. Ocasionalmente, su padre golpeaba a su madre en la cara cuando surgían peleas, y los dos hermanos mayores de Monica normalmente la tomaban de la mano y se dirigían hacia el patio trasero de la casa para jugar fuera cuando eso sucedía. Era su manera de escapar al caos, y de proteger a su pequeña hermana de más arrebatos de violencia.

Pero un día, cuando Monica tenía seis años, y sus hermanos tenían diez y doce, no pudieron protegerla; no de su papá, sino de un vecino. Él sugirió que jugasen al escondite. Monica sería la primera en contar, y contaría hasta veinte mientras estaba tumbada sobre la cama con una almohada sobre su rostro. Monica aceptó, pero en lugar de correr a ocultarse mientras ella contaba, el vecino deslizó la mano por debajo de su vestido y metió un dedo en su vagina. Ella se revolvió e intentó gritar, pero de repente hubo más manos que la retuvieron y la almohada le presionaba más sobre la cara para acallar su voz.

Monica no recuerda lo que pasó a continuación. Su cerebro obviamente se cerró para protegerla de la gravedad de la situación, pero recuerda claramente el horror de darse cuenta de que fueron sus propios hermanos quienes sirvieron como cómplices del vecino.

Ocho años después, cuando Monica tenía catorce y su hermano mayor tenía veinte, él se suicidó. Ella no tiene idea de si la culpabilidad por lo que sucedió aquel día desempeñó algún papel en su decisión de poner fin a su vida. Pero una idea que ella sí desarrolló a lo largo de aquellos tumultuosos años de juventud fue que los hombres eran increíblemente peligrosos. Ellos eran iracundos, mezquinos, violentos, criaturas abusivas en los que no se podía confiar en absoluto. Su padre, sus hermanos y su vecino le enseñaron todos ellos muy bien que las muchachas no estaban seguras en un mundo de muchachos.

Por tanto, a fin de poder volver a sentirse lo bastante segura en su propio espacio mental para alcanzar el clímax sexual, Monica sencillamente no podía estar en un mundo de hombres donde se seguía sintiendo vulnerable al peligro y la violencia. Tenía que estar en un mundo todo de muchachas, donde se sentía protegida y segura.

¿Significa eso que Monica tiene que dejar a su esposo y sucumbir al cebo del lesbianismo? Claro que no. De hecho, su matrimonio con un hombre que la respeta y la honra, un esposo que es tierno con ella sexualmente, ha sido una de las relaciones más curativas de su vida. Con su comprensión recién encontrada sobre dónde se originaron esas fantasías lesbianas, ella siente más confianza que nunca en que solo tienen tanto poder sobre ella como ella decida darles, que es muy poco.

El hambre del padre de Charlie

Conocí a Charlie por primera vez cuando él era adolescente en campamentos de verano que yo dirigía. Él se mantuvo en contacto en sus años de universidad, y sigue siendo un amigo en la actualidad. Es un joven increíblemente talentoso que ama a Dios y a su esposa profundamente, pero como muchos de nosotros, tiene sus propios dragones sexuales que matar.

Descubrió la pornografía cuando estaba en sexto grado, y se consideraba a él mismo un adicto declarado cuando era estudiante de primer año de secundaria. Estaba indignado consigo mismo por gravitar con mucha frecuencia exclusivamente hacia la pornografía masculina. Aunque él nunca ha buscado un compañero para tener un encuentro homosexual, ha visitado una sala de masajes masculina, optando a veces por algo más que un masaje en la espalda, y otras veces refrenándose. «¡Esto es lo que aborrezco de mí mismo más que ninguna otra cosa!», exclama. «¿Por qué no puedo ser atraído solamente hacia las mujeres, como un tipo "normal"?».

La realidad es que no hay tal cosa como «normal» cuando se trata de sexo. Y cuando retiramos las capas de la niñez de Charlie, no es difícil de entender su situación. Cuando él tenía tres años, su padre se fue de casa, dejando a Charlie para ser criado por su mamá, que era maniacodepresiva. Durante los quince años siguientes, su mamá con frecuencia se iba de la casa en un arrebato de ira, amenazando con no regresar nunca. A veces se quedaba fuera toda la noche, o se iba durante dos o tres días seguidos. En lugar de regresar a casa de la escuela para encontrarse con una mamá y un papá que proporcionaban apoyo constante y amor incondicional, él vivía en constante temor de haber sido completamente abandonado, o de serlo pronto.

Su enojo y su soledad le condujeron hacia la pornografía en la Internet, donde descubrió que los escenarios que más le atraían eran imágenes crudas de hombres realizando su agresión sexual de maneras desinhibidas y poco convencionales. Era como abrir la válvula en una olla a presión, proporcionando cierto tipo de alivio, aunque solo fuera por unos minutos. Pero entonces el peso de la culpabilidad y la confusión caía incluso más pesadamente que el enojo que él intentaba liberar. Se convirtió en un círculo vicioso.

Yo le pedí a Charlie que prestase atención a los momentos cuando se sentía más tentado a recurrir a la pornografía o volver a visitar el salón de masajes masculino. ¿Qué estaba sucediendo? ¿Cómo se sentía él? ¿Cuál era su percepción de lo que él «necesitaba» en este momento? ¿Y podría haber una manera mejor y menos inductora de culpabilidad para manejar la situación?

Él se dio cuenta de que su atracción hacia los hombres para obtener una liberación sexual (mediante el porno o los masajes) era más fuerte cuando se sentía abrumado o inadecuado en el trabajo. Él explicaba: «Mi jefe es un hombre realmente inteligente, y quiero impresionarle. Pero cuando eso se convierte en un reto, me siento un fracasado. Me siento como aquel niño pequeño que no era lo bastante bueno para hacer que su papá quisiera quedarse y verme crecer. Y mi mamá me enseñó que no se podía confiar por completo en las mujeres. Por tanto, supongo que quiero correr hacia otro hombre para que *me* haga sentir como un hombre, para llenar el vacío que creó mi papá cuando nos abandonó».

«¿Hay algún hombre en el planeta que pueda llenar ese vacío, Charlie? ¿Puede otro ser humano realmente hacerte sentir como un *hombre*?», le pregunté.

Las lágrimas caían por las mejillas de Charlie cuando él entendió que estaba persiguiendo lo intangible, buscando lo imposible. «No, ¡pero no sé qué otra cosa hacer!», dijo sollozando.

«¿Quién te creó como hombre, Charlie?».

«Dios me creó», respondió.

Pasamos a hablar de lo que sería permitir que Dios sacase el agujero con forma de padre que había en el corazón de Charlie, permitir que Dios le mostrase cómo reeducarse *a él mismo* de modo que tenga su propia fuente de afirmación y fortaleza a la que pueda recurrir cuando sea necesario, permitir que Dios le enseñase lo que realmente significa ser un hombre, y permitir que Dios le ayudase a hacerse un camino totalmente nuevo para manejar de manera efectiva su estrés y su ansiedad (mediante ejercicio, trabajo manual, meditación, amistades masculinas sanas, y sexo matrimonial), de modo que no tuviera que seguir probando las mismas cosas infructuosas una y otra vez.

Charlie ha dicho que no ha navegado por pornografía ni ha visitado el salón de masajes en más de tres años. Su esposa y él ahora tiene un hijo propio, y está decidido a ser el papá increíble que él nunca tuvo.

La confusión de género de Gail

Gail sospechaba que ella era «diferente» cuando estaba en secundaria. Sus maestros comentaban repetidamente: «¡Eres tan buena en matemáticas y ciencias como los muchachos!». Sus entrenadores de educación física exclamaban: «¡Deberíamos hacer lugar para ti en los equipos deportivos, Gail! ¡Lanzas una bola mejor que cualquier muchacho en esta escuela!».

Debido a que era muy competitiva e intimidatoria para la mayoría de alumnos varones, los muchachos no perseguían a Gail como lo hacían con las otras muchachas. Ella describe a su madre como «desaliñada» porque no le gustaba el maquillaje y los peinados de moda, y por tanto Gail tampoco era una niña femenina. Pero su mayor problema con su madre era que ella era un «felpudo codependiente» de su papá. «Él la pisoteaba, la golpeaba, y demandaba que se hiciera lo que él quería todo el tiempo. Mi mamá se mantenía en silenciosa sumisión solamente para mantener la paz. Yo pensaba que si así era el matrimonio, ¡yo no quería ninguna parte de eso!».

En la universidad, asignaron a Gail a una habitación con una muchacha llamada Candace, que parecía mucho más cómoda con su propia piel femenina de lo que se sentía Gail. Gail solamente deseaba poder tener tantas habilidades sociales como Candace, y frecuentemente acudía a ella en busca de consejo sobre temas de cómo arreglarse y relaciones sociales. Candace también estaba mucho más cómoda con su sexualidad, y decidió «ayudar» a Gail en ese departamento también, mediante la experimentación lesbiana. Aunque ella sabía que aquello no estaba bien (a propósito, aquel era un campus de una universidad bíblica), las sensaciones físicas de ser finalmente aceptada por alguien eran suficientes para hacerle presionar el botón «mute» en su conciencia.

Después de varias semanas, Gail sintió que debía de estar enamorada. Todas sus esperanzas y sueños giraban en torno a estar en la presencia de Candace. Pero Candace había comenzado a ver a un muchacho en el campus y tenía grandes esperanzas de que él pudiera ser «el correcto»,

de modo que Candace comenzó a retirarse sexualmente y emocionalmente de Gail. Al final, la relación se puso tan tensa que Candace pidió
que le trasladaran a otra habitación diferente. Gail quedó destrozada y
sola una vez más.

Insegura de su propia orientación sexual, Gail también experimentó
con algunos muchachos en el campus en fiestas de grupo donde había
alcohol, pero aquellos encuentros normalmente eran extraños y emocionalmente dolorosos, pues los muchachos estaban dispuestos a practicar
sexo con ella pero no estaban dispuestos a tener una cita con ella. Al
sentirse rechazada por ambos géneros, ella simplemente no sabía en qué
dirección «encajaba» mejor.

Durante la escuela de posgrado, Gail trabajaba en la biblioteca, y
desarrolló una atracción hacia una mujer empleada en uno de los otros
campus. La mujer más mayor respon-
dió positivamente durante un tiempo, pero entonces humilló a Gail con
una acusación pública de acoso
sexual. Fue en ese punto donde Gail
decidió que había terminado con las
relaciones por completo. La idea de
volver a ser rechazada era suficiente para eliminar todo el aire que impul-
saba sus velas sexuales.

> «Todos poseemos la capacidad de
> hacer daño, pero pocos la
> capacidad de curar».
> —*del canto de «The Princess», por
> Jim Bailey*

Fue entonces cuando ella asistió a la conferencia de Exodus
International que mencioné al principio de este capítulo. Mediante ese
nuevo círculo social, pudo formar relaciones con individuos de mentalidad parecida, tanto hombres como mujeres, que también estaban buscando llegar a ser mejores administradores de su sexualidad. Ella también
asiste a una iglesia donde ve matrimonios que parecen ser muy distintos al
de sus padres, y tiene la esperanza de poder vencer la atracción del lesbianismo y encontrar un hombre que sea un estupendo compañero para toda
la vida... y que sepa lanzar una bola tan bien como ella sabe hacerlo.

Receta contra relación

Cuando leemos historias como las de Monica, Charlie y Gail,
podríamos intentar identificar la «receta» del vencedor cuando tratamos

de responder a la pregunta: «¿Cómo encuentro libertad?». ¡Ojalá hubiera una fórmula que pudiera seguirse!

Pero debido a que somos heridos en las relaciones, nuestra sanidad también se encontrará en las relaciones con otros. Encontrar a alguien (un consejero, coach personal, líder espiritual, cónyuge o amigo) con quien puedas ser totalmente sincero incluso con las partes más confusas y embarazosas de tus batallas sexuales es una parte vital de ese proceso. Mientras tú batalla permanezca entre tus orejas, tiene mucho poder sobre ti. Expresarla con alguien que te amará incondicionalmente y te alentará hacia la victoria es una increíble experiencia de crecimiento.

Para poner algunas herramientas en tu cinturón de herramientas de comunicación, exploremos algunas de las muchas posibles razones por las que las relaciones con personas del mismo sexo puede parecer tan atractivas.

HOMBRES BUSCANDO HOMBRES, MUJERES BUSCANDO MUJERES

Si yo tuviera una moneda por cada mujer que me ha dicho que se sentía confundida y asombrada por sus propias fantasías lesbianas, sería una mujer muy rica. Esta parece ser una de las batallas más comunes entre las mujeres cristianas en la actualidad, especialmente con el modo en que el lesbianismo ha sido idealizado en nuestra sociedad. Ha sido elevado desde ser escenas gratuitas en películas pornográficas a pasar a los medios de comunicación dominantes, con mujeres situadas en posiciones eróticas que aparecen juntas en carteles de publicidad, en películas y en revistas, en televisión y, sí, por toda la Internet.

Con los hombres, la homosexualidad normalmente se mantiene más en «tono bajo», pero no hay que buscar muy lejos para encontrar a una pareja dispuesta. En palabras de uno de mis amigos: «La sociedad gay te da la bienvenida con brazos abiertos. ¡Ellos hacen que sea muy fácil caer, y muy difícil levantarse!».

Ya sea en la realidad o la fantasía, ¿qué es lo que los hombres realmente buscan cuando navegan buscando pornografía gay, visitan salones de masaje o casas de baño, buscan un amante masculino? ¿Qué están buscando las mujeres cuando ven pornografía entre mujeres, visitan un bar de lesbianas, o buscan citas con mujeres?

En primer lugar, veamos unas cuantas posibilidades que podrían aplicarse tanto a hombres como a mujeres:

- *El factor «rebelde».* Cuando nos separamos finalmente de nuestras familias de origen, con frecuencia rechazamos los valores espirituales y sexuales de nuestros padres en un intento por desarrollar nuestros propios códigos morales. Si la homosexualidad se consideraba un gran tabú, caminar por ese lado de la calle puede satisfacer el impulso de la persona de ser asombrosamente rebelde.
- *El principio «fantasma».* Muchos hombres y mujeres con fantasías con personas del mismo sexo han experimentado una traumática pérdida de una figura importante del mismo sexo, ya sea mediante la muerte, el divorcio o la desconexión emocional. Por tanto, la fantasía homosexual es la manera que tiene el cerebro de recrear la intimidad varón-varón o la intimidad hembra-hembra que se perdió en la relación madre/hija o padre/hijo, o en la relación hermana/hermana o hermano/hermano si la pérdida o la desconexión fue más con un hermano que con un padre o una madre.
- *El factor «arréglame».* Cuando uno crece con una relación paternal disfuncional, es fácil sentirse «roto» de manera innata. El concepto de tener una pareja más mayor y más sabía del mismo sexo que pueda «arreglarme» es la manera que tiene el cerebro de intentar enmendar ese error, y puede hacer fantasear con esa persona en particular que es atractiva sexualmente.
- *El efecto «caníbal».* Como mencionamos en el capítulo 5, los caníbales convierten en comida a personas a quienes admiran y quieren emular. De modo parecido, los seres humanos normalmente son atraídos hacia alguien que posea una fuerza característica que creen que ellos necesitan más en su propia vida. A veces, ese deseo de la *característica* se confunde con un deseo sexual por la *persona.*

Algunas otras posibilidades que podrían explicar el empuje de un hombre hacia otros hombres son:

- *El efecto «agresión».* Debido a que la hormona masculina testosterona contribuye no solo al impulso sexual sino también al enojo y la agresión en los hombres, muchos dirigen su enojo (con frecuencia hacia padres emocionalmente ausentes) de maneras sexuales hacia otros hombres.

- *El principio «castígame».* Debido a que algunos hombres están sujetos a sentir una enorme cantidad de culpabilidad y vergüenza con respecto a sus deseos homosexuales, con frecuencia se someten a ellos mismos al dolor y la humillación de ser seducidos o incluso violados por otros hombres como algún tipo de castigo. Esto también crea una absolución psicológica de su culpabilidad si ellos fueron meramente las «víctimas» de tales actividades sexuales.

- *El factor «ningún compromiso».* Los hombres no están formados para ser tan relacionales como las mujeres, y debido a que el sexo gay con frecuencia tiene lugar en ambientes de grupo anónimos y casuales (como casas de baños donde el sexo en grupo agresivo es común), la comunidad gay proporciona una manera de que los hombres sean sexuales sin compromiso relacional.

Finalmente, a continuación hay algunas razones válidas por las que la mente femenina consideraría el cuerpo de otra mujer como el objeto de su fantasía sexual:

- *El principio «cúspide».* Es interesante el modo en que Dios creó los cielos y la tierra, después los animales, después el hombre, después la mujer, ¡y después se retiró y no creó nada más! El cuerpo femenino, el cual ha inspirado más música, arte y literatura que ninguna otra cosa en este mundo, seguramente es la cúspide de la creación de Dios, y como tal es el objeto de muchas de nuestras fantasías.

- *El efecto «3D».* ¿Has comprado alguna vez una tarjeta de felicitación y has notado que algo sencillamente se sale de la estantería porque está situado de manera multidimensional? ¿O has observado que una película en 3D es mucho más atractiva para el ojo que una película normal en 2D? Apliquemos el mismo principio a los cuerpos masculino y femenino. El cuerpo masculino es hermoso, no cabe duda, pero las curvas del cuerpo femenino definitivamente atrapan los ojos de *todos* los seres humanos, y no solo de los hombres.

- *El efecto «refugio seguro».* Cuando nos hemos caído y nos hemos golpeado la cabeza, cuando hemos obtenido una mala calificación o cuando nos peleamos con un amigo, ¿hacia quién corríamos con mayor frecuencia? Mamá. Ella era nuestro refugio seguro en la mayoría de las tormentas de la vida. Y debido a que el sexo es una importante forma de consuelo para nosotros como adultos, nuestra mente puede que gravite de modo natural en dirección femenina cuando buscamos el consuelo de la excitación sexual.

- *El factor «familiaridad».* Los hombres son grandes proveedores y protectores, pero las mujeres son normalmente quienes mejor se relacionan. El mayor grado de intimidad «cara a cara, ojo a ojo, voz a voz, piel a piel» que experimentamos cuando somos pequeños es con nuestra madre, hermanas y amigas, y debido a que los seres humanos son atraídos hacia lo familiar, la intimidad femenina es una zona de comodidad bastante natural. Además, una mujer está más íntimamente familiarizada con el cuerpo femenino porque en esa piel está, de modo que las fantasías con personas del mismo sexo puede que sencillamente sean un reflejo de lo que ella ya conoce, en lugar de ser aquello de lo que quiera más.

- *El factor «peligro/defecto».* Cuando una mujer recibe abuso físico, sexual o emocional por parte de un hombre, es fácil para su cerebro llegar a la conclusión: *Nunca me sentiré segura con ningún hombre.* Por defecto, ese sentimiento de peligro solo deja a un género en su mente con el cual ella puede sentirse lo bastante cómoda para explorar su propia sexualidad: *las mujeres.*

Aunque estos principios pueden ayudarnos a darle más sentido a la atracción hacia personas del mismo sexo, es importante que consideremos el cuadro general. Todo lo sexual se ve de color de rosa en nuestras fantasías porque ese es el cuadro mental que dibujamos, pero ¿es el estilo de vida homosexual realmente tan satisfactorio como puede parecer ocasionalmente en nuestras mentes?

EXPONER LA REALIDAD DE LA HOMOSEXUALIDAD

Les pedí a varios hombres gay y mujeres lesbianas que me dijeran cómo es *realmente* el estilo de vida homosexual: dejando a un lado todo el glamur, el misterio y la fantasía. Además de los obvios temores a contraer VIH u otras infecciones de transmisión sexual, y al rechazo social, las respuestas incluyeron:

- Temor al fracaso relacional: pocas relaciones homosexuales llegan a superar la marca de los dos años.[3]
- Temor a ser engañado: tanto hombres gay como mujeres lesbianas con frecuencia son infieles a sus amantes. Muchos que se describen a sí mismos como parejas homosexuales «monógamas» también dijeron haber tenido un promedio de tres a cinco parejas en el último año.[4]
- Abuso de alcohol y drogas: muchos usan no solo el sexo ilícito sino también beben en exceso y consumen drogas para medicar su dolor emocional. Aproximadamente del veinticinco al treinta y tres por ciento de personas en el estilo de vida homosexual son alcohólicos, comparado con el siete por ciento en la población general.[5]
- Violencia doméstica: debido a que muchos homosexuales provienen de hogares rotos o abusivos, el enojo y la hostilidad se traducen fácilmente en abuso físico. Según un estudio, las mujeres tienen cuarenta y cuatro veces más probabilidad de recibir abuso de una amante lesbiana, y los hombres tienen trescientas veces más probabilidad de sufrir abuso en una relación homosexual que en un matrimonio heterosexual.[6]
- Una implacable búsqueda de «el correcto»: aunque un pequeño porcentaje de homosexuales encuentra una fiel «pareja para toda

la vida», muchos tendrán cientos o incluso miles de parejas en busca de satisfacción relacional, la cual con frecuencia parece esquiva. Un estudio revela que el cuarenta y tres por ciento de homosexuales de raza blanca practicaron sexo con quinientas parejas o más, con un veintiocho por ciento que tuvo mil o más parejas sexuales.[7]

- El fenómeno «muerte de la cama lesbiana»: la intensidad de las relaciones lesbianas normalmente es muy alta al principio pero va disminuyendo rápidamente, y puede evolucionar hasta llegar a tener poca o *ninguna* intimidad sexual entre la pareja.[8]

- Mayores índices de depresión y suicidio: estudios indican que lesbianas, gays, bisexuales, transexuales y grupos que se lo cuestionan tienen hasta cuatro veces más probabilidades de intentar suicidarse que sus iguales heterosexuales. Y quienes son rechazados por sus familias tienen hasta nueve veces más probabilidad de intentar suicidarse que sus iguales heterosexuales.[9]

En el artículo «Gay Rights: The Facts Behind Homosexuality», FaithFacts.org destaca los estragos del estilo de vida examinando esas estadísticas y llegando a la conclusión de que «la conducta homosexual está marcada por muerte, enfermedad, desengaño, promiscuidad, perversidad, adicción y angustia».[10] Ciertamente, las implicaciones sociales de escoger un estilo de vida gay son menores comparadas con el tormento físico, mental y emocional que uno puede afrontar.

Uno de mis clientes de coaching, Rick, ahora está felizmente casado con una maravillosa mujer, pero se consideró gay por muchos años. Le pregunté a Rick: «¿Qué le condujo a la homosexualidad?». Su viaje por la niñez incluyó una retirada emocional de su padre que estaba ausente la mayor parte del tiempo, tempranos intentos de aliviar su soledad y su aislamiento mediante la masturbación, la respuesta de su madre de «no hagas eso», la molestia de su pastor que le decía: «deja que yo haga eso por ti», su resultante confusión acerca de todas las cosas sexuales y espirituales, y drogas, alcohol e intentos de suicidio durante su adolescencia y primeros años de madurez.

Le pregunté a Rick: «¿Qué le condujo a salir?». En su respuesta, Rick recordó sus tiempos en la escuela bíblica. Se masturbaba en la ducha en la mañana, y después iba a la capilla. Miraba a hurtadillas pornografía y se masturbaba otra vez durante su tiempo para el almuerzo, y después salía a realizar su paseo de oración y suplicaba perdón a Dios. Dos horas después al estar estudiando sentía el abrumador impulso de visitar una casa de baños masculina que había en las afueras de la ciudad. «Podía practicar sexo con cinco hombres esa noche, ¡y aún seguir sintiendo la necesidad de quedarme dormido masturbándome!», admitió. «¡Lo insaciable de todo ello era absolutamente enloquecedor! Mera lujuria corría por mis venas la mayor parte del tiempo, ardiendo tan fuerte que podía hacerme sentir náuseas hasta que consiguiera un alivio sexual. Yo no *quería* hacer todas esas cosas, pero sentía como si nunca fuese capaz de concentrarme en nada hasta que hubiese rascado ese picor. Por tanto, seguía rascándome, lo cual hacía que el picor empeorase. Me di cuenta de que dejar hambrientos esos deseos era la única manera en que podría dominarlos».

Afortunadamente, Rick *sí* dominó sus deseos. Han pasado más de quince años desde que era activo sexualmente, y dice que la intimidad física con otro hombre es *lo último* en el mundo que quiere ahora. ¿Cuáles son las primeras cosas que él quiere? Acercarse más a su Padre celestial y a su padre terrenal, quien ha sufrido él mismo una importante transformación en la vida; ser el mejor esposo y papá para su esposa y sus hijos; y ayudar a otros hombres a reconocer (y sanar) las raíces de sus propios deseos homosexuales.

EL ATRACTIVO DE SER VERDADERAMENTE GAY

Se ha hablado mucho últimamente sobre lo interesante que es la palabra «gay». La década de 1890 se denominó los «alegres noventa», pero cien años después, en 1990, esa expresión significaba algo totalmente diferente. Hemos cantado «Ahora nos ponemos nuestro *alegre* atavío» en una canción de Navidad, y cuando estamos con los Picapiedra, sabemos que «pasaremos un *alegre* tiempo». Pero los niños ahora se ríen en voz baja de esas letras.

La palabra *gay* solía significar «feliz, contento, vivaz, alegre, gozoso y jovial». Sin embargo, esas palabras *no* describen el estilo de vida gay del que tantos me han hablado. De hecho, la mayoría de homosexuales que se sienten seguros de que «nacieron de esa manera y no pueden evitarlo» también insistirán: «¡Yo *nunca* escogería esto!». Su conducta es con frecuencia el antónimo de *gay*: solemne, sin gozo, deprimido y melancólico.

¿Hay algo que la Iglesia pueda hacer, que nosotros podamos hacer, para sacar a la luz el significado más profundo que hay detrás de los pensamientos homosexuales en las mentes de quienes idealizan y fantasean con ser *gay*? En lugar de mostrarles un dedo acusador, quizá podamos señalarles hacia Dios, quien es la fuente de la *verdadera* felicidad, alegría y gozo.

Roxane Hill, una participante en mi grupo de mentoría B.L.A.S.T. para aspirantes a escritores y oradores, recientemente dio un discurso en el cual compartía una historia que había oído en la radio acerca de un equipo médico durante el tiempo de la guerra. La responsabilidad del equipo era ir de una cama del hospital a otra y catalogar los informes de los pacientes con las palabras «esperanza médica» o «ninguna esperanza médica».

Mientras revisaban el informe de un hombre y le catalogaron como «ninguna esperanza médica», el paciente respondió: «No, mi nombre es *John*». Una de las enfermeras más adelante regresó y cambió la etiqueta de John, borrando la palabra *ninguna* y cambiando su estado a «esperanza médica».

Nosotros debemos hacer lo mismo. Ya no podemos mirar a las personas identificadas por la homosexualidad o que luchan con deseos del mismo sexo, menear nuestra cabeza y declarar: «No hay esperanza para ellos». Al igual que John, estas personas tienen nombres, rostros e historias en la vida, frecuentemente dolorosas. Como todos nosotros, jamás se encuentran más allá de la capacidad de Dios de restaurar, sanar y transformar.

En lugar de permitir que nuestros hermanos y hermanas hagan frente ellos solos a sus fantasías gay y lesbianas, en vergüenza y secretismo, debemos darles esperanza. Seamos cajas de resonancia seguras. Ayudémosles a sacar a la luz los significados más profundos que hay detrás de sus pensamientos sexuales, y mostrémosles en palabras y en hechos que el cuerpo de Cristo *sí* se interesa por ellos... que *nosotros* nos interesamos por ellos.

ENTRE BAMBALINAS: DESCUBRIR LAS RAÍCES DE LAS FANTASÍAS CON PERSONAS DEL MISMO SEXO

Cuando pedí testimonios de personas que batallaban con la atracción por personas del mismo sexo, fui inundada de respuestas, ¡suficientes para escribir un libro totalmente nuevo! Repasando cuidadosamente cada una de ellas, decidí que estas dos había que compartirlas.

Cuando mamá no está feliz...

William (de veintisiete años de edad) escribe:

> Después de tomar una clase de psicología en la universidad, sospeché que mi madre adoptiva nunca creó vínculos conmigo del modo en que lo hacía con sus hijos biológicos. Yo siempre me sentía como el que sobraba en nuestra casa.
>
> Mi papá trabajaba mucho, y mi mamá parecía estar estresada todo el tiempo, y pagaba conmigo ese estrés. Yo era el mayor, de modo que tenía que trabajar para ayudarle a ella a que se las arreglara, pero no había manera de agradarla, ni tampoco había manera de estar a la altura de sus normas de perfección. Yo no sabía hacer bien mi cama. Yo no sabía doblar la colada correctamente. Me sentía como un fracasado total. Lo intentaba de verdad, pero aprendí pronto en la vida que no había manera de agradar a una mujer, al menos no a mi mamá. Y debido a que yo nunca podía agradarla, siempre era físicamente castigado o amonestado verbalmente.
>
> Mi papá, sin embargo, sentía la necesidad de compensar la frialdad y brutalidad de mi madre. Él era increíblemente paciente y amable, y a veces se metía en mi cama para que me durmiera. Yo sabía que él me quería y sentía mi dolor, y me sentía realmente seguro mientras él estuviera en casa para protegerme.

Lo que ha sido más asombroso para mí cuando era adolescente y joven adulto son mis fantasías de tener un amante gay. Aunque he batallado por muchos años con mirar pornografía masculina en ocasiones, no he puesto en práctica físicamente ese abrumador deseo. Afortunadamente, nunca he tenido la oportunidad y me las he arreglado para evitar lugares como salas de masaje masculinas, donde sabía que podía encontrar alivio con algún tipo de encuentro al azar. Incluso si yo estaba dispuesto a «ir allí», lo que quería era una relación verdadera y no una estancia de una sola noche. No creo que yo naciera con ese deseo. Creo que fue cultivado en mí a lo largo de una niñez muy larga y dolorosa.

Mi mayor temor es que estas fantasías nunca se vayan... o que yo pudiera ponerlas en práctica algún día y vivir para lamentarlo. Tan solo estoy agradecido porque conozco a Dios lo bastante bien para estar seguro de que Él me amaría igual, incluso si yo escogiese ese camino. Él entiende mi dolor más que yo mismo. Mi otro temor es que si llego a casarme con una mujer, ella descubrirá mi oscuro secreto o terminará siendo tan fría y dura como mi mamá. No creo que pudiera sobrevivir a eso.

Para los padres que están leyendo esto, no quiero que los papás piensen que no deberían mostrar afecto hacia sus hijos, pues sin duda alguna deberían hacerlo. Pero las madres necesitan ser sensibles a lo mucho que los muchachos quieren ser un héroe para las mujeres que hay en sus vidas, incluso para sus mamás. Cuando nos sentimos como un cero en lugar de como un héroe ante los ojos de una mamá, fácilmente imaginamos que las mujeres sencillamente no son un lugar tan suave donde aterrizar.

Sin embargo, hay muchas mujeres que, debido a dinámicas familiares únicas, consideran a las mujeres un lugar *muy* suave donde aterrizar. Cindy es una de esas mujeres.

La búsqueda de Cindy de un lugar seguro donde aterrizar

Cindy (de treinta y un años de edad, casada y con un hijo) escribe:

Tenía diecisiete años cuando entré en la sala de una amiga y vi a su hermano mayor viendo pornografía en una gran pantalla de televisión. Lo que más recuerdo de aquel momento increíblemente incómodo fue que las estrellas del porno eran dos mujeres, y estaban practicando sexo la una con la otra, lo cual es algo que yo ni siquiera sabía que las mujeres pudieran hacer.

Incapaz de quitar de mi mente aquella escena, busqué escenarios parecidos en la Internet, masturbándome con aquellas imágenes y quedando asombrada por la intensidad de mis orgasmos. Comencé a preguntarme si yo podía ser lesbiana, porque me resultaba abrumadoramente más agradable imaginarme teniendo intimidad con otra mujer que con un hombre.

Nunca le hablé a nadie de aquella experiencia, y unos años después me casé con un hombre estupendo y tuvimos una hermosa hija. Asistíamos a una iglesia en la que la líder ministerial de las mujeres, Lydia, era una mujer realmente hermosa, por fuera y por dentro, y fue estupendo que ella me tomase bajo sus alas. Ella quizá fuese doce años mayor que yo, y parecía muy abierta a hablar de cualquier cosa que hubiera en mi corazón, y por eso le conté sobre mis experiencias anteriores. También le confesé que a fin de llegar al orgasmo realmente entretenía fantasías lesbianas en mi cabeza.

Mirando en retrospectiva, puede que hubiera habido una pequeña parte de mí que esperaba que ella se identificase con ese asunto y proporcionase una relación segura donde yo pudiera «explorar» si en realidad era lesbiana o no. Después de todo, eso era lo que los medios de comunicación me habían alentado a hacer, especialmente el programa de *Oprah*, que frecuentemente presentaba a mujeres y hombres adultos que finalmente «salían del armario» para aceptar «su propia homosexualidad».

Afortunadamente, Lydia era más confiable que eso, y no se aprovechó en absoluto de mi vulnerabilidad. Ella tan solo me aseguró que la confusión sexual es relativamente normal, e hizo una serie de preguntas a lo largo de varias reuniones en que estuvimos juntas para intentar ayudarme a darle sentido a todo. Hablamos de mis relaciones con mi mamá, mi papá y mis hermanos. Yo le dije que mi padre estaba muy distante emocionalmente y era verbalmente abusivo con todo aquel que estuviera en la casa si tenía un mal día. En algunas ocasiones, se descontrolaba y nos golpeaba a alguno de nosotros, pero siempre se derrumbaba y lloraba después, suplicando nuestro perdón. Simplemente aprendimos a caminar de puntillas cuando él estaba cerca, mientras mi madre ponía excusas a su conducta y nos aseguraba que él nos amaba en realidad pero no siempre sabía cómo demostrarlo.

Mi mamá era muy atenta y adoraba a sus hijos, y yo la quería profundamente. Y lo sigo haciendo. Pero en 1995 ella cambió, todos cambiamos, cuando el mundo que siempre habíamos conocido se derrumbó a nuestro alrededor.

Yo tenía catorce años y mi hermana menor, Penny, tenía diez, y Penny estaba pasando la noche con algunas buenas amigas. Su casa se incendió en mitad de la noche cuando un rayo golpeó su tejado. Todos los que estaban dentro murieron quemados, incluida mi hermana.

Todos intentamos manejar aquello lo mejor que pudimos, pero mi madre nunca fue la misma persona afectuosa y que amaba la diversión. Ella era más parecida a un zombi andante, se quedaba mirando fijamente al espacio mientras ponía un pie delante del otro, asegurando a todos que estaba bien, pero totalmente inconsciente a las necesidades de cualquier persona que le rodeaba.

Cuando compartí esas historias con Lydia, quedó claro como el agua por qué las fantasías lesbianas invadían mi mente en ocasiones. Ella explicó que cuando estamos experimentando un orgasmo, nuestro cerebro tiene una manera de «enderezar todos los males» o «aliviar nuestro dolor». Nosotros orquestamos eventos en nuestra imaginación para que estén en consonancia con lo que nuestra alma más anhela, y yo he pasado años anhelando que mi hermana pequeña hubiera sobrevivido a aquel incendio, y anhelando que mi madre hubiera salido de su dolor y volviese a ser la mujer con la que yo me sentía tan segura y a la que tanto quería.

A la luz de esas conexiones, nunca más volví a cuestionarme mi orientación sexual. Soy una mujer heterosexual que tiene un estupendo esposo y una estupenda vida sexual, e incluso si fantasías lesbianas se cuelan en ocasiones para distraerme del dolor que siempre he llevado en mi corazón, está bien. Yo las controlo. Ellas no me controlan a mí.

Nosotros somos los capitanes de nuestros barcos de sexualidad. Puede que no siempre tengamos control sobre qué pensamientos llegan a nuestra mente inicialmente cuando estamos excitados sexualmente, o por qué incluyen los escenarios concretos que incluyen, pero nosotros tenemos completo control sobre cuánta energía queremos darles. Nosotros decidimos a cuáles prestamos atención y cuáles son ignorados. Nosotros decidimos qué dirección tomar en cada giro, y con la ayuda de Dios, tenemos la capacidad de mantener completamente el curso a medida que navegamos por las aguas de una sexualidad sana.

8

Nuestra fascinación por el placer, el dolor y el poder

El criarnos sin multitud de dinero significaba que hacíamos juguetes de todo lo que pudiéramos encontrar. No podíamos permitirnos una batería, ni tampoco teníamos lugar para poner una, pero teníamos cacerolas, sartenes y cucharas de manera que nos proporcionaban la misma emoción en medio del piso de la cocina. Una piscina estaba siempre en nuestra lista de deseos de cumpleaños, junto con el pony proverbial para Navidad, pero vaya, esas cosas nunca estaban en el presupuesto. Sin embargo, nos iba bien, con una manguera en el jardín y un perro border collie en cambio.

Pero el uso más creativo de nuestras energías recreativas era cuando jugábamos fuera sin tener absolutamente nada a excepción del sol y de nuestros cuerpos. Los niños del barrio nos reuníamos y montábamos teatro de sombras o bailes de sombras. Al estar de pie en medio de la carretera en un día soleado, nuestros cuerpos proyectaban largas y oscuras sombras sobre el pavimento, y con la postura y los movimientos del brazo correctos, podíamos convertirnos en cualquier cosa que quisiéramos.

A fin de poder ser testigos de la obra de teatro o el baile mientras se desarrollaban, sin embargo, no podíamos tener nuestras caras hacia el sol. Si lo hacíamos, toda la acción se desarrollaba a nuestras espaldas, fuera de nuestra vista. Para criticar nuestra propia interpretación y decidir qué estaban haciendo los otros, teníamos que girarnos y estar de cara a nuestras sombras.

Considera este capítulo como nuestra manera de estar de cara a nuestras sombras a medida que exploremos el lado más oscuro de nuestra sexualidad, mirando concretamente las fantasías de violación e incesto, dominio y sumisión, y sadomasoquismo, y lo que esas películas mentales realmente significan para nosotros como seres humanos.

No se ha hablado mucho de estos temas en círculos cristianos, así que esto podría dar un poco de miedo, pero no tanto miedo como darle la espalda y seguir siendo inconscientes del significado más profundo que hay detrás de estos pensamientos sexuales comunes.

«¡NO!... ¡PARA!... ¡NO PARES!».

Aunque ser violado en la realidad se considera una de las cosas más traumáticas y psicológicamente inquietantes que alguien podría experimentar, obviamente hay algo con respecto a la fantasía solamente que hace flotar la barca de algunas personas. Y los autores de ficción son sin duda conscientes de esto, pues personajes femeninos protagonistas experimentan violación aproximadamente en el cincuenta y cuatro por ciento de las novelas románticas.[1] Por tanto, ¿por qué querríamos fantasear o soñar con algo que *nunca* querríamos experimentar en la realidad?

Regresando a nuestra teoría original de que las fantasías sexuales son la manera que tiene el cerebro de intentar curarse a sí mismo de algún trauma, debemos preguntar: «¿Qué tipo de experiencia podría haber tenido alguien que requiriese un escenario tan forzoso para abrir el camino del cerebro hacia el placer?».

En una escena de violación, la víctima no tiene decisión alguna en absoluto acerca de si va a producirse sexo o no. Se le obliga a realizarlo. Y únicamente en la fantasía, eso se siente como algo *bueno*. Quizá se deba a que quien fantasea es una persona muy pasiva, y la idea de que alguien domine y tome decisiones sexuales por ella resulta atractiva. O quizá se deba a que la víctima no tiene que asumir ninguna responsabilidad de lo que está sucediendo. La víctima no tiene que sentirse culpable por ser «suelta» o promiscua. Esos temores de sentirse responsable, culpable o promiscuo surgen muy probablemente de haber reprimido su propia sexualidad, lo cual sucede con frecuencia cuando hemos sido criados en hogares cristianos bienintencionados con la mentalidad de: «El sexo es sucio y vergonzoso, y quienes participan en él con gusto son también sucios y vergonzosos».

La culpabilidad y la vergüenza no son compatibles con una mentalidad orgásmica, de modo que la fantasía de la violación quita de la mesa toda culpabilidad y vergüenza, haciendo espacio para un festín de placer, incluso si ser violado es algo que *no* sería agradable en absoluto en la vida real. Es bastante fascinante el modo en que trabaja la mente para asegurar nuestra satisfacción sexual, no porque seamos personas pervertidas u horribles, sino simplemente porque hemos sido creados por Dios como seres sexuales hasta la médula.

Desde luego, en la fantasía de la violación, quien fantasea no es siempre la víctima. A veces quien fantasea es el autor, probablemente porque deba compartimentar emociones negativas del pasado que no son compatibles con llegar a excitarse sexualmente. El doctor Michael J. Bader, autor de *Arousal: The Secret Logic of Sexual Fantasies*, explica el significado más profundo que hay detrás de esta fantasía en la mente del autor:

> Al volcar las mesas psicológicas, al ser quien violentamente asusta y viola en lugar de ser el asustado y violado, tal hombre puede sentir momentáneamente un alivio de este obstáculo y sentirse bastante seguro para llegar a excitarse.[2]

Por tanto, lo más probable es que la persona que fantasea con violar a alguien haya tenido un sentimiento extremadamente aterrador de indefensión en el pasado, y esta fantasía es su manera de compensar tal trauma. Bader aporta mayor perspectiva sobre la diferencia entre alguien que fantasea con darle placer a una mujer al violarla contrariamente a alguien que viola sin considerar en absoluto el placer de la víctima:

> Un hombre que disfrute del dolor real de una mujer sin ninguna fantasía de que la mujer lo esté disfrutando en secreto probablemente sea

un hombre que haya sido, de algún modo, en sus relaciones más íntimas cuando crecía, humillado o herido.[3]

Esto confirma la teoría de que «las personas heridas hacen daño a otras personas». Las cárceles están llenas de individuos que han sido heridos tan horriblemente que no saben qué otra cosa hacer sino repetir el patrón. Muchos están condicionados culturalmente, ya sea mediante experiencias en el mundo real o mediante el mundo de fantasía de la pornografía, a equiparar sexo con violencia, y viceversa.

No siempre podemos suponer que los hombres son los únicos que tienen fantasías tan violentas. Yo conocí a una mujer increíblemente dulce (a la que llamaré Sarah) hace años en una conferencia para sanidad sexual. Ella estaba allí principalmente para tratar sus fantasías de violar a hombres. Mientras dábamos un paseo juntas, ella ofreció un destello del pasado que le condujo hacia esa dirección mental.

Un día, un hombre que se presentó como agente de control de plagas llamó a la puerta de su apartamento diciendo que estaba allí para fumigar contra las hormigas. Sarah le dejó entrar, y segundos después él rodeó con la manguera de su rociador la garganta de ella. La obligó a tirarse al piso, la violó, cortó su garganta con un cuchillo y la dejó allí dándola por muerta. Afortunadamente, Sarah no murió, pero pasó muchos meses en rehabilitación física y mental.

Un año después, las amigas de Sarah insistieron en que salir con más frecuencia le animaría, así que iban a clubes para bailar y a fiestas. Sarah se encontró gravitando hacia ciertos hombres, entablaba una conversación, bebían una o dos copas, y después les dejaba que la llevasen donde vivían. En lugar de continuar la conversación y llegar a conocerse el uno al otro, Sarah inmediatamente «iba a matar», obligándoles sexualmente.

Sarah reflexionaba: «A algunos hombres puede que no les importase, pero yo nunca tomaba el tiempo de descubrirlo. No se trataba de *ellos* y de lo que ellos quisieran; se trataba de *mí* y de lo que yo quisiera. No se trataba tanto de sexo sino de que yo necesitaba tener el control absoluto desde el principio. Yo necesitaba "recrear el escenario" a fin de "ganar esta vez". Ahora entiendo que no estaba nada lejos de ser una violación».

Si Sarah hubiera sido sincera acerca de sus fantasías de violación con un consejero, quizá podría haberles dado sentido antes de atraer a otras personas (víctimas inocentes) a ellas. Si hubiera tomado tiempo para reconocer su abrumadora necesidad de recuperar su poder personal como algo que podría ser positivo en lugar de ser negativo, podría haber optado por decisiones que habrían producido sanidad en lugar de deses- peranza. Por ejemplo, ella podría haber comenzado un grupo de apoyo para víctimas parecidas, o haber comenzado a ministrar a mujeres en albergues donde muchas de ellas han recibido abusos sexuales, o haber trabajado como voluntaria en la consejería por teléfono en una línea para violaciones. Robert Johnson apoya la idea de que podemos manejar el poder de nuestras fantasías y sublimarlas para que se conviertan en empresas increíblemente positivas:

> Debido a que con frecuencia reprimimos las mejores partes de nosotros mismos y pensamos en ellas como cualidades «negativas», algunas de las partes más ricas del yo, incluso la voz de Dios mis- mo, solo pueden participar en nuestras vidas «robando» nuestro tiempo, robando nuestra energía mediante compulsiones y neuro- sis, y colándose en nuestras vidas en lugares no protegidos donde tenemos baja la guardia [como en sueños y fantasías]...
>
> Nuestro ego divide el mundo en positivo y negativo, bueno y malo. La mayoría de los aspectos de nuestras sombras, esas cualida- des que consideramos «negativas», de hecho serían valiosas forta- lezas si las hiciéramos conscientes. Características que se ven inmorales, bárbaras o embarazosas para nosotros son el lado nega- tivo de una energía valiosa, una capacidad que podríamos utilizar. Nunca encontraremos nada en el subconsciente que no sea útil cuando sea hecho consciente y llevado hasta el nivel correcto.[4]

Conciencia. Eso es exactamente lo que espero que este libro pro- duzca. Solamente mediante esta avenida podemos encontrar la sanidad interior profunda que deseamos. No podemos «llevar cautivo un pensa- miento» del que no seamos conscientes, nos neguemos a reconocer o del que minimicemos su poder. Solo podemos llevar cautivos pensamientos cuando somos dolorosamente conscientes de ellos. Esa conciencia (unida a la sumisión al poder que tenemos disponible por medio de Cristo) hace que seamos personas con las que es mucho más seguro estar.

Desgraciadamente, algunos de nosotros hemos estado cerca de personas, incluso en nuestra propia familia, que demostraron que no era tan seguro estar a su lado...

CUANDO LA MENTE DICE: EL INCESTO ES MEJOR

Al igual que las otras distorsiones sexuales de las que hemos hablado hasta ahora, el incesto se remonta hasta el libro de Génesis, cuando las hijas de Lot emborracharon a su padre y practicaron sexo con él. Desgraciadamente, los deseos incestuosos no se detuvieron allí.

Para nuestra primera sesión de mentoría, me reuní con Mandy en una cafetería Starbucks en Dallas. Después de una hora, resultó que ella observó un hombre que estaba sentado en el rincón, y que la miraba fijamente mientras se comía una banana. Hicimos una pausa en la conversación, y Mandy se excusó para ir al baño, y no estuvo durante un rato. Yo fui a llamar a la puerta para comprobar si estaba bien. Ella abrió la puerta pero estaba de pie delante del lavabo, con un aspecto muy pálido, y sujetándose el estómago como si tuviera ganas de vomitar.

Después de varios minutos, recuperó la compostura lo bastante para regresar a nuestra mesa. Le pregunté si quería hablar sobre lo que acababa de ocurrir, y ella asintió, diciendo: «Cada vez que veo a alguien comiéndose una banana, me trae recuerdos de cuando yo tenía unos diez años, cuando mi abuelo me obligó a practicar sexo oral con él». Mandy pasó a explicar que el sexo oral era algo que ella podía recibir pero no dar a su esposo debido a todas las emociones negativas que desencadenaba.

«Me hace sentir náuseas», continuó. «Pero si yo te dijera lo que pasa por mi cabeza cuando estoy recibiendo sexo oral, ¡tú sentirías náuseas!». Yo le desafié a qué probase, pero solamente si estaba preparada para compartir esa información. Ella sabía que yo estaba haciendo investigación para este libro, así que tenía ganas de ver si podía ayudar a darle sentido a todo aquello.

«Siempre he estado enojada con mi abuelo por haber hecho lo que hizo, pero aquello fue algo que sucedió una sola vez. He estado aún más enojada por mi padre por lo que él hizo una y otra vez».

«¿También abuso de ti sexualmente?», le pregunté.

«No, precisamente lo contrario», respondió ella con lágrimas que se acumulaban en sus ojos. «Él me ignoró durante toda mi vida. Era un papá soltero, y viajaba por negocios, y por eso yo me quedaba con mis abuelos muchas veces. Yo anhelaba que él quisiera pasar tiempo conmigo, que me encontrase interesante, que pensara que yo era hermosa. Por tanto, el modo en que con mayor frecuencia experimento un orgasmo es imaginar a mi propio padre mostrando interés sexual en mí. A veces he pensado: *¿Por qué no pudo haber sido papá en lugar del abuelo quien me quisiera?*». Frunciendo su nariz con repulsión, preguntó: *¿No es eso totalmente horrible?*

Hace algunos años, por ignorancia, puede que yo hubiese estado de acuerdo y hubiese alimentado sus temores de que aquello era una fantasía enferma y retorcida. Pero a la luz de todo lo que he aprendido, ahora podía ver que la fantasía tendría perfecto sentido en su mente; era sencillamente el modo que tenía su cerebro de intentar curarse a sí mismo de sentimientos de rechazo y descuido emocional de la persona más importante de su vida. El hecho de que su papá no tuviera tiempo ni atención que darle era horrible. El hecho de que su abuelo abusara de ella sexualmente era horrible. Pero *ella* no era una persona horrible por intentar curarse esas heridas sexuales y emocionales del único modo en que su cerebro sabía hacerlo.

Desde luego, a veces una fantasía de incesto no se origina en la mente del niño hacia un padre o una madre. A veces, es el padre o la madre quien fantasea sobre estar con un hijo o hija, un sustituto del hijo o una figura de hija. Recuerdo al ver uno de los primeros episodios de la serie *Mujeres desesperadas* que vi de qué se trataba toda esa controversia. Me enfureció una escena en la que Eva Longoria seduce a un muchacho adolescente en su propio dormitorio decorado con banderines deportivos y trofeos de fútbol. Mientras ella está encima de él sobre su cama, extiende su brazo hacia su mesilla de noche, y agarra un marco que tiene una fotografía del muchacho con su uniforme deportivo, como si ella estuviera intentando borrar el recordatorio de que él sigue siendo un niño.

¿Que podría estar operando posiblemente en la mente de un adulto que quiere practicar sexo con alguien que es lo bastante joven para ser su propio hijo? Veamos una más de las perspicaces teorías del doctor Bader sobre por qué las mujeres podrían ser tentadas a buscar una figura de hijo, y por qué los hombres podrían fantasear con una figura de hija:

> El hijo, sin experiencia, lleno de presiones hormonales y bajo la influencia de la autoridad de la madre, da seguridad a la madre contra los temores al rechazo. El hijo es cautivado y seducido por la sexualidad femenina de la madre y no está en posición de «escoger». Por otro lado, la juventud del hijo comunica una vitalidad sexual y un deseo carnal inagotable que contrarresta las preocupaciones y la culpabilidad de la mujer en cuanto a atraer a un hombre de su propia edad. El muchacho está lleno de vigor sexual y, como resultado, ella también lo está.
>
> De modo similar, las fantasías de incesto del padre con su hija o figura de hija también tiene significados mezclados. Las muchachas son núbiles e inexperimentadas, y están abiertas a cualquier cosa que el padre, o figura de padre, pueda enseñarles. Los hombres, por tanto, sienten seguridad inconscientemente contra los peligros del fracaso, o de defraudar a sus parejas de la misma manera que podrían sentirse con sus esposas o que podrían haberse sentido con sus madres.[5]

En otras palabras, el temor a perder nuestro propio atractivo y energías sexuales a medida que envejecemos es principalmente lo que podría alimentar esa fantasía. Pero desde luego, no necesitamos convertir la fantasía en ningún tipo de realidad, arrastrando a otro ser humano a «nuestro terreno» para dar un golpe a nuestro ego personal a expensas *del otro*. Como cristianos, y como seres humanos, tenemos la responsabilidad de ser buenos administradores de nuestra sexualidad, y de no hacer daño a nadie. Cuanto más entendamos la psique humana y cómo podría operar

> «Cada uno de nosotros debe mirar hacia el interior y destruir en él mismo todo lo que crea que debiera destruir en otros».[6]
> —*Etty Hillesum*

en diversos períodos de nuestras vidas, desde la cuna hasta la tumba, más seguros estarán todos los demás en nuestra presencia.

El último lado oscuro al que haremos frente en este capítulo es un término que ha sido lanzado a primera plana por la popular trilogía Cincuenta sombras: ADSM, de atadura, dominio, sadismo y masoquismo.

QUÉ BIEN DUELE... ¿O NO?

A primera vista, el hecho de que alguien se deleite al atar a otra persona, infligir dolor o humillarla sexualmente es inimaginable. Sin embargo muchos lo imaginan, ¡de modo bastante gráfico! Según el estudio de Brett Kahr en *Who's Been Sleeping in Your Head*:

- el veinticinco por ciento de quienes respondieron fantasean con ser atados.
- el dieciocho por ciento de los hombres y el siete por ciento de las mujeres fantasean con golpear a alguien.
- el once por ciento de los hombres y el trece por ciento de las mujeres fantasean con ser golpeado.[7]

Hablando de ser atado y golpeado, muchas personas me han preguntado: «¿Qué piensa usted de *Cincuenta sombras de Grey*?». Admito que tengo todo tipo de emociones mezcladas.

Cuando se trata del personaje principal (y sádico), Christian Grey, de veintiséis años de edad, he querido abofetearle por infligir a las mujeres tan intenso dolor y degradación. En la historia, cuando nos enteramos de su «sala roja del dolor», él ya ha abusado de quince mujeres con sus extrañas fantasías sadomasoquistas. La otra parte de mí dice: al menos el es totalmente consciente de su fetiche, está buscando un consejero, y es sincero en cuanto a sus deseos y expectativas, incluso pasando por la molestia de deletrearlo todo claramente mediante un contrato de «dominio/sumisión» que pide a las mujeres que firmen de antemano.

Con respecto a la heroína de la historia, Anastasia Steele, de veintiún años de edad, parte de mí quiere alentarla por su valentía a la hora de explorar su propia sexualidad, pero solamente si eso pudiera haberse hecho *dentro del contexto del matrimonio* y no en una relación de noviazgo; ¡y especialmente no con un hombre al que acaba de conocer hace poco más de cinco minutos! Yo quería agarrarla por los hombros y sacudirla, diciéndole: «¡Despierta, muñequita! No le entregues a un tipo tu virginidad pensando: *Hay muchas cosas que realmente no me gustan y en las que no confío de este tipo, ¡pero es tan sexy y tan rico que me arriesgaré! ¡Seguramente mi amor le cambiará!*».Puede que funcione de ese modo en las novelas y en la fantasía, pero no en la vida real.

Sin embargo, cuando la gente me pregunta lo que pienso de la novela, no siempre están interesados en una crítica literaria o una opinión sobre la moral o las decisiones de los personajes. A veces, lo que en realidad preguntan es: «¿Qué piensa usted sobre el ADSM?».

Repito: emociones mezcladas. Mi interior legalista (y la mayoría de nosotros tenemos uno en algún lugar) quiere lanzar una piedra y decir: «¡Eso es *malo*! ¡Bajo *cualquier* circunstancia! ¡Nadie debería hacer *nunca* eso!». Pero entonces recuerdo cómo Dios me está enseñando a leer entre los leones y evitar todos los extremos, ya sea en dirección legalista o liberal. Por tanto, me calmo lo suficiente para considerar el hecho de que hay parejas cristianas felizmente casadas que, debido a razones profundamente psicológicas, *los dos* encuentran placer en las actividades ADSM. ¿Qué debemos decir de eso?

Quizá a ella le gusta desempeñar el papel de quien domina, a la vez que a él le gusta someterse a su control. O ella disfruta el papel de ser pasiva y obediente, mientras que su esposo la persigue con una cruda agresión. ¿Qué hay detrás de ese tipo de fantasía?

Si piensas en los términos opuestos, descubres posibles indicaciones. Para la persona que quiere dominar y controlar, lo más probable es que se sienta fuera de control y dominada por una persona importante de su pasado. Al ser quien lleva las riendas (el «amo») para cambiar, recupera un sentimiento de poder perdido. Para la persona que prefiere el papel sumiso (el «esclavo»), lo más probable es que disfrute de soltar el control para no tener que tener temor a la patata caliente de la responsabilidad, la culpabilidad, la preocupación con la ansiedad. «Me obligaron a hacerlo» es el chivo expiatorio que proporciona permiso para disfrutar del placer sexual.

Desde una perspectiva física, uno podría preguntarse cómo es posible que sea agradable realizar actividades sexuales con dolor. Los científicos en realidad han descubierto que la zona del cerebro relacionada con el dolor es estimulada en las mujeres especialmente durante la excitación sexual, de modo que en realidad hay una clara conexión entre dolor y placer.[8] Esto puede que explique por qué a algunas mujeres (aunque no todas, sin duda) les gusta ser golpeadas durante la actividad sexual.

Desde una perspectiva psicológica, no es difícil ver cómo alguien que haya experimentado abuso verbal, emocional, físico o sexual en el pasado podría gravitar de modo natural en dirección a los papeles de dominio/sumisión. En esta fantasía, la víctima se convierte en el vencedor. Cuanto mejor sea su sentimiento de poder y control, mejor clímax experimentan.

El doctor Bader proporciona mayor perspectiva en cuanto a por qué «funciona» el ADSM para víctimas de abuso:

Un aspecto esencial de una fantasía sexualmente masoquista es que el dolor y la indefensión son creados y experimentados voluntariamente. La indefensión no es real. El masoquista siempre tiene el control del tipo, la duración y el grado de dolor que soporta. El adulto que permite una fantasía de rendición o humillación sexual en realidad está diciéndose a sí mismo: «Estoy recreando una escena aterradora y traumática, pero esta vez yo tengo el control porque yo soy quien dirige la escena tanto como mi pareja». La «víctima» en el escenario adulto sadomasoquista no es realmente una víctima. Está construyendo una situación en la cual las creencias patógenas que surgieron del abuso en la niñez están siendo momentáneamente desaprobadas, creando así las condiciones de seguridad necesarias para llegar a excitarse. Se le da totalmente la vuelta al trauma. El esclavo resulta ser el amo, y el amo es sexualmente dependiente del esclavo. Se establece un juego en el cual la víctima del abuso en la niñez finalmente llega a ganar.[9]

No siempre llegamos a escoger qué fantasías funcionan para nosotros en nuestro viaje hacia la excitación y la satisfacción sexual. Hay muchas personas que aborrecen por completo el hecho de que este tipo de fantasía sea algo que les enciende tanto. Espero que el entender la base psicológica del escenario ayude a absolver a esos individuos de la falsa culpabilidad y les inspire a tratar esta fantasía con indulgencia a fin de no causar ningún daño innecesario a su pareja. La realidad es que incluso si a uno de los cónyuges le gusta el ADSM, no hay garantía alguna de que el otro se una, especialmente si no se mueven dentro de límites estrictamente fijados. Cuando las personas resultan heridas *de verdad*, todo el escenario fracasa y el sentimiento de confianza y de seguridad requerido para experimentar placer sexual desaparece por completo. Preguntemos a Terra, quien me envió por correo electrónico la siguiente carta cuando se enteró de que estaba escribiendo este libro:

He estado oyendo a bombo y platillo sobre *Cincuenta sombras de Grey*, y estoy sorprendida y asustada por muchos que están leyendo esos libros y probablemente lleguen a la conclusión de que eso es lo que quieren las mujeres. Sinceramente, me da un vuelco el estómago, porque acabo de divorciarme de un hombre que es muy parecido al personaje principal, Christian Grey. (Le llamaré «Gary».)

Antes de comenzar a salir con Gary, me había prometido a mí misma que pasaría el resto de mi vida con la persona a quien entregase mi virginidad. Pero debido al hogar donde me criaron, la «virginidad técnica» parecía ser hasta donde yo podía llegar. Mis padres tenían una vida sexual muy abierta y explícita. No se molestaban en ocultar de sus hijos su pornografía, juguetes sexuales y su bisexualidad. Mi papá también tenía un problema de pedofilia, y hacía avances sexuales hacia mí cuando yo tenía doce años. Afortunadamente, pude frustrar esos avances pero, desde luego, dejaron profundas cicatrices.

Cuando Gary y yo comenzamos a salir, yo me entregué a él sexualmente, y también mi virginidad, en las dos primeras semanas después de salir. Yo tenía diecinueve años en ese entonces, me sentía muy sola y estaba cansada de abstenerme de tener relaciones sexuales. Después fue cuando descubrí lo que incluían algunos de sus intereses sexuales. Esposas para las manos, collares de perros y cuerdas para atar... atragantamiento y vendar los ojos... sexo anal... travestismo... espátulas con propósitos de restricción... «porno de tortura», donde las mujeres son atadas y golpeadas sin sentido... ahogar a su pareja para «aumentar» el clímax sexual. Esas dos últimas cosas eran las que más me asustaban. Él quería que viésemos juntos películas pornográficas de tortura, a fin de que yo pudiera ser el alivio de sus alegrías sexuales, pero yo me quedaba allí sentada mortificada porque un ser humano pudiera ver aquello y sentirse bien. Y no podía evitar preguntarme si él alguna vez me golpearía de modo tan severo. Él solamente se reía y me decía que me animase cuando yo expresaba mi profunda preocupación.

Se unió a algunas comunidades web góticas con otras personas a las que también les gustaban ese tipo de cosas. Aprendió de ellas cosas nuevas y quería después intentarlas conmigo. Yo me preguntaba si *algún* extremo llegaría alguna vez a satisfacerle. Parecía que las cosas siempre tenían que ser un poco más inusuales, dolorosas o peligrosas, más que la última vez. Finalmente tracé la línea cuando él quiso meterme un teléfono celular. Se excitaba con la idea de que pudiera bromear sexualmente en público marcando el número para hacer que el teléfono vibrase. Entonces me di cuenta de que yo era solamente un juguete en su retorcida caja de juguetes sexuales.

La mayor parte de mi relación con él, me sentí vacía e insuficiente. Siempre era consciente de que «yo y solo yo» en nuestro dormitorio nunca sería suficiente. Eso también sería demasiado aburrido para él. Nunca sentí que yo era lo bastante bonita o lo bastante exótica. Perdí mi autoestima y mis propios deseos a fin de convertirme en el pequeño juguete que él quería que yo fuese.

Puede que se sienta aterrada al escuchar estas cosas sobre una pareja «cristiana», o quizá haya oído cosas incluso peores. Personas con las que he compartido este secreto han preguntado: «¿Y por qué te quedaste?».

Sentía que estaba atrapada. Intenté dejar la relación antes de casarnos, pero no pude olvidar la promesa que había hecho, pues ya le había entregado mi virginidad. Cuando estuvimos casados, sentí que iría en contra de la voluntad de Dios si me divorciaba. Por tanto, todo lo que hacía con él lo hacía por un sentimiento de obligación a ser una pareja y esposa sumisa, y no porque yo quisiera hacer esas cosas.

He tenido que realizar mucha terapia para ser capaz de reconocer qué partes de nuestra vida sexual sencillamente eran demasiado para mí, cuándo debería haber dicho no, y por qué no me mantuve firme en aquel momento. Yo era muy inmadura e increíblemente dependiente, y no tenía voluntad propia aparte de la de agradarle a él.

Ahora entiendo que nunca debería haberme casado con Gary en un principio. Después de haber recorrido el pasillo hasta el altar fue cuando aprendí que simplemente porque alguien practique sexo con alguien antes del matrimonio no significa que tenga que quedarse con esa persona, ¡especialmente cuando comienzan a ondear al aire *grandes banderas rojas*! He llegado a creer que sí, Dios considera pecado el sexo prematrimonial, pero dos equivocaciones, practicar sexo y casarse para intentar arreglarlo, no enmiendan un mal. Sencillamente estoy agradecida de que Dios vea todos nuestros errores y nos perdone libremente cuando nos arrepentimos, nos alejamos de repetir esos errores y buscamos refugio en Él.

Afortunadamente, ahora estoy casada con un hombre que me trata con respeto y me ama como Cristo amó a la Iglesia. Nunca me pide que haga ninguna cosa degradante o dolorosa. No puedo creer el agudo contraste que existe entre esos dos hombres, literalmente como el día y la noche, y cómo me he sentido al tener una relación con cada uno de ellos. Estoy muy agradecida por haber encontrado la valentía para divorciarme de mi primer esposo, porque sencillamente no creo que las mujeres debieran sucumbir a tal degradación y dolor en nombre del amor, el compromiso o incluso del matrimonio. No puedo imaginar que las cosas que Gary insistía en hacerme estuvieran bien delante de Dios.[10]

El plan de Dios para nuestro placer sexual *no* incluye hacer cosas que causen a otros dolor. Si estas en una relación donde una fantasía divertida se convierte en una realidad dolorosa, ¡salta del barco! Nadie se merece recibir abuso sexual, ni de niño ni de adulto.

Tengo que aprovechar la oportunidad presentada aquí para hablar acerca de la pornografía sádica. Mi meta no es asombrar ni ofender, así que permíteme recordarte que tal cosa ha sido un problema social desde Jueces 19, cuando la concubina del levita fue violada, torturada por hombres malvados en la aldea, y después cortada por su amo en doce pedazos para enviarlos a las doce tribus de Israel. Es increíble cómo algunas cosas nunca cambian en una sociedad de pecadores.

Suponemos que la razón de que un hombre quiera ver pornografía se debe a que ama a las mujeres y ama el sexo. Pero cuando se trata de «porno de tortura», nada podría estar más lejos de la verdad. Quienes miran tales escenarios sádicos no *aman* a las mujeres ni el sexo. *Odian* a las mujeres, temen la intimidad sexual y, por tanto, buscan venganza en todas las mujeres porque algunas en su pasado les han hecho sentir rechazados e impotentes. En *Empire of Illusion*, Chris Hedges afirma:

> El porno ha quedado tan arraigado y aceptado en la cultura, especialmente entre los jóvenes, que la humillación sexual, el abuso, la violación y la violencia física se han convertido en una expresión socialmente aceptable... el poder absoluto sobre otros casi siempre se expresa mediante el sadismo sexual...
>
> [El porno] actualmente se enfoca cada vez menos en el sexo entre un hombre y una mujer y cada vez más en grupos de hombres que golpean la cara de una mujer o llegan a rasgar su ano con sus penes. El porno ha evolucionado hacia su conclusión lógica. Primero convirtió a las mujeres en objetos sexuales y después mató a las mujeres como seres humanos sexuales. Y ha ganado la guerra cultural. La pornografía y la corriente comercial se han fundido... [El porno] extingue lo sagrado y lo humano para adorar el poder, el control, la fuerza y el dolor. Sustituye la empatía, el eros y la compasión por la ilusión de que somos dioses.[11]

Yo creo que Hedges da en el clavo con esa última frase. Como seres humanos, podemos llegar a obsesionarnos por obtener poder, pero solamente Dios posee el poder supremo. Lo máximo que podemos esperar hacer es permanecer todo lo íntimamente conectados como sea posible a nuestro Dios todopoderoso, de modo que podamos tener acceso a su poder ilimitado para *controlar* nuestros propios impulsos sexuales, y para ser una bendición en lugar de ser una carga para aquellos con quienes nos encontremos a lo largo de nuestra vida.

LA VIGORIZANTE UNIÓN
DE OSCURIDAD Y LUZ

Cuando oímos historias de hombres que torturan sexualmente a mujeres, sacerdotes que abusan sexualmente de monaguillos, maestros que seducen a alumnos, cónyuges que se engañan el uno al otro, y padres que molestan sexualmente a sus propios hijos, se nos parte el corazón por las víctimas y por nuestra cultura sexualmente quebrantada. Esos son meramente ejemplos de alguien que es mordido por sus propias fantasías porque tiene demasiado temor a girarse y hacerles frente. Esas personas no eran bastante maduras para remover sus propias sombras y dar sentido a la oscuridad que vive allí, así que se enfocaron en el fruto de sus fantasías en lugar de enfocarse en las raíces.

Robert Bly escribe en *A Little Book on the Human Shadow*: «Las plantas están dormidas, y por eso viven siempre en el lado oscuro, aunque sus hojas buscan la luz. Por tanto, podríamos decir que cada mala hierba en nuestro jardín une oscuridad y luz».[12] Es una analogía sencilla, pero la sabiduría que conlleva es profunda.

Lo que vemos como una flor, un árbol o cualquier otro tipo de planta es solamente una extensión de lo que está en la raíz. No verás hojas de magnolio saliendo de las raíces del árbol, ni tampoco verás mazorcas de maíz salir de un pepino. Lo que da a la luz está determinado por quiénes somos en la oscuridad. Nuestro fruto es meramente el producto de nuestras raíces.

Solamente cuando cuidemos nuestras raíces mentales, emocionales y espirituales daremos el fruto más sano posible. Ignoremos las raíces, y la planta sufrirá. Alimentemos las raíces, y la planta se desarrollará.

ENTRE BAMBALINAS: ¿QUÉ PASA CON LOS FETICHES SEXUALES?

Un fetiche sexual se produce cuando alguien se vincula con un *objeto* en lugar de vincularse a una persona (normalmente temprano en la vida), sexualizando ese objeto y derivado de él un intenso placer, ya sea a solas o con una pareja. He escuchado de fetiches que están en un amplio rango, desde medias hasta colas de caballo, desde barras de labios hasta cuero, desde tacones altos hasta esposas.

Ser encendido por cierta «cosa» puede sonar enfermo y retorcido para algunas personas, pero otras lo entienden completamente, aunque puede que no necesariamente entiendan *por qué* experimentan afición por cierto objeto en particular. Me gustaría presentarte a un par de personas que recientemente conocieron el *porqué* detrás de su fetiche, comenzando con Stan.

El fetiche de Stan de las medias

Conocí a Stan y Doris cuando ellos acudieron a mí para recibir consejería matrimonial. Su problema era que Doris no respondía a los avances sexuales de Stan. «Se queda tumbada como un pez inmóvil», se quejaba Stan.

«No me quedo tumbada inmóvil, Stan, ¡me quedo echando chispas!», respondió Doris en dirección a él. Mirándome a la vez que subía una de sus cejas, añadió: «¡Se puede cortar la tensión que hay en nuestro dormitorio con un cuchillo!».

«¿Puede hablarme de la fuente de la tensión?», le pregunté.

«¡Mi esposa me ha apartado sexualmente! ¡Esa es la fuente de la tensión!», insistió Stan.

Aquella no era mi primera sesión de rodeo en la consejería matrimonial, así que yo sabía que tenía que haber algo más en esa historia. «¿Diría que le ha "apartado sexualmente" como Stan describe, Doris?».

«Supongo que al ver nuestra historia sexual más reciente, eso sería cierto», dijo con toda naturalidad. «Pero Stan, ¿por qué no le dices el motivo por el que te aparté?».

Stan lanzó una mirada matadora a Doris, como para decir: «¡No hay necesidad de llegar hasta ahí!». Pero la lata de gusanos había sido abierta. Mirando sus manos que estaban dobladas en su regazo como si fuera un niño pequeño al que habían agarrado con las manos en la masa, Stan se las arregló para soltar las palabras: «Yo crucé una línea».

Mediante varias series de preguntas, descubrí que cuando se casaron tres años antes, Stan reveló que las medias eran un fetiche para él. La vista, el olor y el tacto de las medias muy utilizadas servía como intenso afrodisíaco. Él las acariciaba mientras hacía el amor a su esposa, o las utilizaba para masturbarse cuando estaba a solas, especialmente cuando viajaba. Aunque Doris no entendía qué podía encender tanto a Stan con respecto a unas medias sucias, estaba dispuesta a vivir con eso. «El fetiche de mi primer esposo resultó ser la pornografía infantil, ¡de modo que eso parecía increíblemente inofensivo en comparación!», explicó ella.

Sin embargo, Doris había hecho un doloroso descubrimiento. Cuando estaba de viaje de negocios, Stan había enviado mensajes de texto a dos compañeras de trabajo que viajaban con él, preguntando si podían pasar por la habitación de su hotel para darle las medias que habían utilizado en la cena aquella noche. «Él incluso les ofreció otro par nuevo a cambio, lo cual me dijo que aquello fue algo muy premeditado por su parte. El que él se llevase un paquete de medias a un viaje de negocios es muy revelador acerca de sus intenciones, ¿no cree?», suplicó ella, volviendo a levantar su ceja.

Stan estaba sentado en su silla, con los hombros caídos, con una expresión como si se le acabase de caer un helado al barro. Le pregunté a Stan: «¿Tiene alguna idea de cómo desarrolló este fetiche en particular?». Él meneo su cabeza de lado a lado sin establecer contacto visual. Yo le pregunté: «¿Le gustaría que lo explorásemos juntos para poder quizá darle algún sentido?».

Su cabeza se elevó lentamente pero inquisitivamente a la vez. «¿Cómo puede darle cualquier sentido al hecho de que yo sea un *fanático*?», preguntó.

Al asegurarle que él no era más fanático que ningún otro ser humano sexual, acordamos pasar la siguiente sesión intentando conectar el actual fruto de su fantasía con algunas raíces de la niñez.

En nuestra siguiente sesión, supe que de niño Stan había pasado gran parte de las tardes que tenía libres en casa de su abuela. A medida que él recordaba cosas sobre su abuela y el tiempo que pasaban juntos, recordó que con frecuencia jugaba a sus pies mientras ella leía o veía la televisión sentada en su mecedora. «Ella siempre llevaba puestas medias, y a mí me gustaba la sensación de la tela en mis dedos, y por eso con frecuencia masajeaba sus pies. Ella sonreía y decía lo bien que se sentía, no de manera sexual sino de manera agradecida, y aquello me hacía sentir que ella me valoraba y que le gustaba que yo estuviese a su lado.

«Puedo recordar una vez en que yo quería masajear sus pies, pero ella aún llevaba su bata y sus zapatillas, y no llevaba medias puestas. En lugar de masajear sus pies desnudos, yo fui a su cuarto, abrí uno de los cajones y encontré un par de medias y le pedí que se las pusiera. Ella se rió y accedió».

Stan también recordaba que su abuela en ocasiones cruzaba las piernas y le dejaba sentarse en sus tobillos, balanceándolo arriba y abajo a estilo caballito mientras él estaba sentado a horcajadas en su pierna. «Ella no sabía que aquello a mí me gustaba mucho, y que realmente me masturbaba contra su pierna cuando yo seguía dando saltitos y pidiéndole otra de sus carreras en caballito», reconoció él.

Le pregunté si aquellos recuerdos le proporcionaban alguna perspectiva con respecto a por qué las medias de mujeres hacían que las partes sexuales de su cerebro se iluminarán como si fueran un árbol de Navidad. Él exclamó: «No he pensado en todo eso durante décadas, ¡y no creo que nunca hubiera establecido la conexión sin diseccionarlo de esta manera!».

«Stan, una cosa es que usted se excite sexualmente mediante un objeto inanimado. Doris no parece tener problemas con eso. ¿Pero entiende que ella sí tendría un problema con que usted solicite medias usadas a otras mujeres?», le sugerí, preguntando si alguna vez había cruzado esa línea antes de aquel incidente más reciente.

Stan recordó que cuando tenía unos diez años, una mujer más mayor se quedó a pasar la noche en su casa. Él no pudo evitar observar que llevaba medias, y estaba intrigado. Tan intrigado que, de hecho, entró en el cuarto donde ella estaba al día siguiente para ver si podía encontrar aquellas medias. Sacándolas de su maleta, se bajó los pantalones y frotó con ellas su entrepierna para intentar recrear aquel viejo sentimiento tan familiar. Para sorpresa de él, la mujer entró en el cuarto y le agarró in fraganti. Pero en lugar de responder con asombro y horror, la mujer sencillamente sonrió y aseguró a Stan: «Está bien. Tu secreto está a salvo conmigo. De hecho, puedes quedártelas si quieres».

Hablamos sobre que el regalo de un par de medias usadas cuando uno tiene diez años es muy diferente a pedir a una mujer sus medias usadas cuando uno es adulto, especialmente un adulto casado. Si el escenario fuese diferente, si su esposa se acercase a otro hombre para pedirle algo sexualmente estimulante en lugar de acudir a usted, ¿no se sentiría usted amenazado? ¿Incluso engañado, quizá?». Él reconoció la verdad de esa frase.

También hablamos sobre los inherentes peligros de pedir a mujeres un objeto tan íntimo. Que podía perderse un empleo (y un salario). Que su reputación podía ser dañada y su credibilidad derribada. Pero sobre todo, él no quería perder a Doris. La amaba lo suficiente para reconocer su pecado y suplicarle perdón, asegurándole que nunca más volvería a suceder. Y ella podía tomar todo el tiempo que necesitase para regresar a él sexualmente, ya que se necesitaría tiempo para restablecer la confianza y la intimidad.

A la luz de los claros límites establecidos, Doris fue misericordiosa y le dio la absolución. «Yo también te amo», respondió ella. «Con el fetiche de las medias y todo».

El pequeño secreto de Laura

Después de hablar del tema de controlar nuestras fantasías sexuales antes de que ellas nos controlen, se acercó a mí una mujer de edad universitaria con una expresión de puro terror en su cara. Aunque tenía veintitantos años, Laura aparentaba casi el doble de esa edad. Era obvio que la vida había sido difícil para Laura, y ella llevaba la evidencia en su rostro y en sus hombros caídos. Ella esperó hasta que la multitud fue disminuyendo de modo que otros no pudieran escuchar, y entonces preguntó si podía tener dos minutos de mi tiempo. Yo le ofrecí diez si ella lo necesitaba.

«Yo tengo una fantasía sexual que le prometo que nunca habrá escuchado», comenzó a decir.

Yo sonreí y le aseguré que después de muchos años de hablar, escribir y aconsejar sobre el tema de la sexualidad sana, no había mucho que yo no hubiera escuchado ya. «¿Por qué no lo comprueba?», le sugerí.

Con mirada decaída, ella pronunció las palabras directamente hacia el piso de cemento, como si el peso de que salieran de su boca fuese demasiado grande para poder mantener su cabeza alta y mirarme. «Lo que yo hago para excitarme sexualmente y liberarme es realmente inusual», confesó. «Para llegar al orgasmo, me pongo unos pañales, y después los mojo o los ensucio».

Confieso que me agarró desprevenida. Yo nunca había oído tal cosa, aunque ella siguió explicando con un rayo de esperanza en sus ojos que había descubierto una comunidad de personas en línea que compartían ese mismo fetiche. Ciertamente, saber que uno no está solo es con frecuencia un descubrimiento sanador en sí mismo.

Le pregunté cómo se sentía con la situación, y dónde quería llegar desde ese punto. Ella hizo una pausa, abrió su boca para hablar, dudó, comenzó a temblar, y después con lágrimas cayendo libremente por sus mejillas finalmente pudo decir: «¿Cómo podré casarme alguna vez? ¿Qué hombre va a poder aceptar *eso*?».

Le pregunté a Laura si estaba dispuesta a realizar algún «trabajo en el alma» conmigo para ver si podíamos descubrir el origen de esa conducta. A medida que comenzamos a revelar su historia, supe que Laura era hija única de una mamá soltera que tenía una importante fobia a los gérmenes. «Recuerdo cuando yo tenía unos tres años que me caí de mi triciclo y me raspé mucho la rodilla. Fui corriendo a la casa para encontrar a mi mamá, llorando a todo pulmón. La encontré en la cocina y estiré mis brazos esperando que ella me agarrase y me consolase; pero cuando mi mamá vio la sangre que salía de mi rodilla y toda la tierra extendida por mi pierna, se asustó mucho. Llegó a subirse a la encimera de la cocina para alejarse de mí».

«¿Qué sucedió después de aquello, Laura? ¿Quién le limpió la herida? ¿Quién le consoló?». Laura no tenía ningún recuerdo. Solo recordaba que su madre fue incapaz de responder de la manera en que ella necesitaba. De hecho, Laura no tenía recuerdo alguno de que su madre alguna vez le hubiese agarrado, acunado o consolado físicamente. Sí tenía recuerdos, sin embargo, de estar tumbada en su cuna durante horas, sola e indefensa.

No era necesario ser un genio para establecer la conexión. Obviamente, la única calidez que Laura experimentó cuando era pequeña era cuando mojaba o manchaba sus propios pañales. Para un bebé que recibe gran cantidad de afecto físico, la sensación de un pañal sucio puede ser bastante molesta; pero para un bebé al que nunca tocan, la sensación de un pañal mojado o sucio puede ser un bienvenido respiro del monótono aislamiento que constantemente siente. No es difícil imaginar cómo esa sensación evolucionaría de modo natural en un ser humano, traduciéndose en un fetiche sexual de un pañal cuando se es adulto.

Podrías preguntarte: «¿Qué puede hacer una persona con una situación como esa? ¿Cómo sana?». Al igual que aprendemos nuevas maneras de comportarnos en la vida y en las relaciones con el paso del tiempo, yo creo que también podemos aprender nuevas maneras de responder a la estimulación física o sexual. Aunque muchos patrones de conducta están profundamente arraigados, nuestro cerebro es en realidad muy moldeable y abierto a recibir nueva información. Le recomendé a Laura que buscase un grupo de apoyo de otras dos o tres mujeres de confianza con quienes pudiera hablar sobre la falta de afecto físico de su madre. No necesariamente tenía que compartir acerca de su fetiche de los pañales si eso era algo con lo que no se sentía cómoda al hablar, o si tenía temor a que los demás se sintieran incómodos. Le desafíe a que sencillamente pidiera lo que más necesitaba: el toque físico, el cual llegó en forma de frecuentes abrazos, palmadas en la espalda, la consoladora caricia de un par de manos que tocaran las de ella durante tiempos de oración, y otras.

Me encantaría decirte que Laura se sobrepuso por completo a su fetiche, se casó con un hombre maravilloso, tuvo varios hijos y vivió felizmente desde entonces. Yo no sé eso con seguridad. Cuando Laura se graduó de la universidad donde nos conocimos, perdimos el contacto. Aunque me gustaría pensar que ella se benefició mucho de nuestras conversaciones, desde entonces me he dado cuenta de que *yo* fui la verdadera beneficiaria. Ese secreto increíblemente pesado que aquella preciosa joven tenía temor a que nadie en el mundo lo entendiera, me lo confío a mí. Y lo he llevado (y también a ella) en mi corazón desde entonces.

Laura, si estás leyendo esto, debes saber que eres amada, y creo que eres una de las mujeres más valientes que he conocido jamás.

Situar la fantasía en su lugar

Hemos pasado una gran cantidad de tiempo sacando a la luz el significado más profundo que hay detrás de nuestros pensamientos sexuales, particularmente fantasías que son muy confusas o peligrosas. Pero antes de terminar por completo nuestra discusión, me gustaría explorar el significado más profundo que hay detrás de nuestros pensamientos sexuales *sanos* que conducen a la integridad personal y la seguridad en las relaciones. ¿Por qué? Por la misma razón que un cajero en el banco está entrenado para reconocer billetes falsificados no examinando las falsificaciones, sino examinando con detalle lo *verdadero* y lo *genuino*.

Podemos pensar en la fantasía como ensayar para una obra. Muchas de nuestras fantasías están relativamente sin editar y pueden conducirnos a la concesión sexual con mucha rapidez, especialmente dado el vasto número de situaciones comprometidas sexualmente que vemos en los medios de comunicación. Sin embargo, sí fantaseamos intencionadamente sobre cómo cortar de raíz un enredo inapropiado y hacer lo correcto enseguida, nunca llegará a convertirse en una pesadilla madura.

LA PRUEBA DE MI TESTIMONIO

He sido advertida en múltiples ocasiones por múltiples personas: «Dirigir ⋅n ministerio como el tuyo dibuja una gran diana roja en tu frente».

Siempre he sabido que eso es cierto; sin embargo, aun así fui agarrada por sorpresa en los acontecimientos que se produjeron el 15 de junio de 2011. Tal como se estaba desarrollando todo, sospeché que al final *necesitaría* escribir acerca de esto, como terapia para procesarlo yo misma y también era de esperar que como terapia *preventiva* para mis lectores.

Cuando llegué al aeropuerto internacional Dallas/Ft. Worth el 14 de junio, me informaron que si volaba a Los Ángeles, puede que me quedase allí durante varios días. Un volcán en Chile había hecho erupción, enviando una nube de cenizas sobre el espacio aéreo de Nueva Zelanda, la cual evitaría pronto que los aviones volaran en esa dirección. Debido a tener que hablar en Christchurch, Nueva Zelanda, en setenta y dos horas, les supliqué que me dejasen subirme a ese avión a pesar de sus advertencias. Yo sabía que mis oportunidades de llegar a Nueva Zelanda serían mucho mayores si ya estaba en Los Ángeles que si estaba aún en Dallas.

Cuando llegué a Los Ángeles me enteré de que mi vuelo a Nueva Zelanda estaba cancelado... indefinidamente. Aunque «por actos de Dios» normalmente significa que uno mismo es responsable de su propio alojamiento, Qantas fue lo bastante amable para llevarnos a todos los pasajeros que nos habíamos quedado allí a un bonito hotel Marriot que estaba cerca. Me acomodé en mi habitación aproximadamente a las 3:00 de la madrugada, dormí hasta las 10:00, disfruté de un relajado desayuno en Starbucks, y después me dirigí a la piscina para hacer algo de ejercicio, ya que pasarían casi doce horas antes de que el siguiente vuelo posiblemente saliera de Estados Unidos. Sentí como si me hubieran regalado unas vacaciones de veinticuatro horas en California, y me empapé de cada minuto.

Estaba ocupándome de mis propias cosas en la parte donde el agua no cubría cuando un tipo muy bien parecido de unos cuarenta años, vestido con camiseta, pantalones cortos y unos auriculares de iPod pasó corriendo. Obviamente, regresaba de correr y estaba pensando en el baño caliente. Preguntó cómo estaba el agua, y yo le indiqué que muy bien.

La conversación casual se desarrolló de modo tan natural que ni siquiera puedo recordar cuáles fueron las primeras palabras que pronunciamos. Yo finalmente pregunté si también se había quedado en Los Ángeles debido a la nube de cenizas. Negativo. Era piloto que tenía tiempo libre hasta su próximo vuelo más adelante aquella tarde. Entonces él preguntó por qué iba yo a Nueva Zelanda. Le expliqué que soy escritora y que estaba haciendo un recorrido de tres semanas como oradora. Era predecible que él preguntase: «¿Sobre qué escribe y habla?».

Yo le ofrecí mi respuesta estándar todo lo breve posible a fin de no aburrirle. «Sexualidad sana y espiritualidad».

¿Aburrirle? Obviamente no. ¿Intrigarle? Quizá. Él respondió: «Entonces... si leo su libro, ¿aprenderé a practicar sexo mejor?».

De nuevo, con frases todo lo breves posible, le respondí: «Bueno, si su esposa lee mi último libro, *The Sexually Confident Wife*, supongo que podría aprender algunas cosas».

Sintiendo que era momento de poner fin a la conversación y seguir adelante, le deseé que tuviera un buen día y comencé a nadar hacia el extremo opuesto de la enorme piscina.

El señor Piloto había sido olvidado en los 2.5 minutos que necesité para llegar al otro extremo. Mi mente ya estaba en Christchurch, orando para que la nube de ceniza volcánica se aclarase, y que las secuelas de los terremotos no hicieran que mi avión no pudiera aterrizar cuando llegásemos.

De repente, oí una voz profunda sonreír entre dientes: «¡Va a tener que nadar mucho más rápido que eso para hacer ejercicio!».

Levanté la mirada para descubrir la figura del señor Piloto que hacía sombra sobre mí bajo el sol de California. Se agacha, extiende su brazo para dar un apretón de manos formal, y dice: «Me llamo Kyle [no es su verdadero nombre, desde luego] y estaba pensando que sería estupendo poder almorzar con usted. Parece usted una persona verdaderamente interesante, y me gustaría llegar a conocerla. ¿Qué le parece?».

No puedo recordar haberme quedado nunca sin palabras en toda mi vida, pero imagíname sin habla en aquel momento: «Bueno... mm... yo... pues... no sé si realmente tengo tiempo».

Él me interrumpió para rescatarnos a los dos de la incomodidad. «Mire, yo tengo que comer de todos modos, y me encantaría comer *con usted*. Estaré en el vestíbulo del hotel a las 12:30. Si está usted allí, estupendo. Creo que lo pasaríamos muy bien juntos. Si no está usted allí, bueno, lo entiendo».

¿Mi aplastante respuesta? «Mm, muy bien».

Y me fui nadando en la otra dirección con un millón de pensamientos recorriendo mi cerebro. Bueno, quizá fuesen solo siete pensamientos. Siete pensamientos que me gustaría compartir contigo con respecto a por qué yo no tenía deseo alguno de convertir esta fantasía común en lo que sabía que llegaría a ser una dolorosa realidad. (Después de todo, ¿qué mujer *no ha* fantaseado con resultar ser una compañía atractiva y deseable para un extraño muy bien parecido en un lugar exótico con ninguna otra cosa sino tiempo en sus manos y sin nadie presente a quien rendir cuentas?)

1. Tengo otras cosas por las que estoy más apasionada.

Por mucho que me gustaría decirte que mi primera respuesta mental a la invitación a almorzar de Kyle estuvo totalmente centrada en Dios y fue muy espiritual, confieso que no fue así. ¿Mi *primer* pensamiento? ¿Sinceramente? (¡Prométeme no reírte o pensar menos de mí!) Mi primera reacción fue: «¡Acabo de meterme en el agua! Y si tuviera que escoger entre un almuerzo agradable con un piloto atento y muy bien parecido o seguir nadando durante otros noventa minutos al sol de California, seguiría nadando, muchas gracias».

Puede que a ti no te guste nadar como me gusta a mí, pero lo que quiero decir es que cuando tienes tu vida *llena* de cosas que te encanta hacer, es mucho más fácil mantenerte en el camino correcto cuando llega la tentación llamando a tu puerta.

Piénsalo. Una de las principales razones por las que hombres y mujeres son tan desviados por enredos emocionales inapropiados es que sus vidas están muy desequilibradas. En un extremo, podemos llenar nuestros días con todo tipo de estrés y presiones, pero ese tipo de ambiente de olla a vapor hace a los seres humanos muy susceptibles a liberar esas presiones de maneras bastante inadecuadas. En el extremo opuesto, también podemos permitir que nuestros días se vuelvan tan aburridos y nimios que seamos tentados a «dar sabor» a las cosas con algo fuera de lo común, como una aventura extramatrimonial.

Pero ¿y si creásemos una vida que nos alimentase positivamente: emocionalmente, mentalmente, espiritualmente, físicamente, sexualmente? ¿Sentiríamos la necesidad de esa aventura cuando se presente oportunidad? Yo no la sentí. No sentí la necesidad en absoluto. ¡Gracias, Dios, porque no sentí *ninguna* necesidad de nada más que lo que ya había recibido en ese momento!

Dios me ha dado tal sentimiento de propósito y significado, en mi ministerio, en mi matrimonio, en la maternidad, en momentos especiales «para mí» como nadar, o tomar té chai, o mordisquear chocolate negro, o encender una vela y quedarme mirando a la llama mientras cuento mis bendiciones, que la aventura de un almuerzo no era posible que pudiera apartarme de mis verdaderas pasiones. ¿Está tu vida llena de tantas pasiones sanas que no tienes tiempo, energía o inclinación hacia que se desarrolle cualquier pasión malsana?

2. Me niego a confiar en las personas más de lo que confío en el instinto que Dios me ha dado.

Muy bien, mi siguiente pensamiento después de: *¡Vaya, en realidad prefiero seguir nadando!* fue: *¿Cuál es la motivación de este tipo aquí?* Quiero decir que, claro, Kyle podría haber tenido el más puro de los motivos, absolutamente nada en su mente sino una conversación inocente en un almuerzo relajado. Y Elvis puede haber resucitado de la muerte y estar oculto en varias tiendas de Dunkin´ Donuts del país... y mi cachorro maltés puede parir una camada de ballenas jorobadas mientras yo estoy en Nueva Zelanda, ballenas jorobadas que son capaces de tragarse el Océano Pacífico de un solo trago.

En serio, supongo que hay una ligera probabilidad de que «solamente almorzar» fuese lo único que él tenía en mente. Pero ¿por qué correr ese riesgo? Él también podría haber tenido muchas *otras* cosas en su mente, cosas como conseguir un gran golpe para su ego, una pluma más en su sombrero, una marca en su cinturón, y otras. En palabras de mi amiga Terrica: «Vaya, ¡él te tenía como objetivo! ¡Los pilotos son famosos por sus aventuras en los viajes! Yo conozco a uno, ¡y él siempre está hablando de que los pilotos tienen mucha a-a-a-acción!». También me di cuenta de que la situación podría ser mucho más peligrosa, y que podría haber mucho más en juego que solamente caer en el romance en una habitación del hotel (como si eso no fuese lo bastante malo). Yo no soy ninguna ...nta. Entendí que Kyle puede que fuese un tipo bien parecido y claro

con personalidad plus, pero también lo era Ted Bundy: ya sabes, aboga-
do de día, asesino en serie de noche. Y por lo que yo sabía, Kyle solamente estaba *haciéndose pasar* por piloto. Llevaba pantalones cortos de correr
y no un uniforme. Yo no le pedí ver su acreditación ni su identificación,
ni tampoco él mismo podría haber creado esas cosas. Aunque puede que
tuviera la personalidad de Ryan Seacrest, también podría tener la mentalidad de Jack el Destripador. Me alegro de no haber estado a su lado para
descubrirlo.

Por tanto, antes de que decidas permitir que alguien de dulce conversación y dulce mirada te atraiga a algún tipo de situación comprome-
tedora, piensa en mujeres como Natalee Holloway. Estoy segura de que
en cierto punto, ella sin duda deseaba no haber salido nunca de aquel
club nocturno de Aruba con aquellos tres hombres. Y lo mismo pensa-
rían sus padres. Y también nosotros. Lo que les sucede a las mujeres a
manos de hombres enfermos y retorcidos es algo más que un delito. Es
absolutamente atroz.

Y la única manera de intentar prevenir que algo parecido nos suceda
a nosotros es confiar en el instinto que Dios nos ha dado.

3. Me doy cuenta cuando estoy intentando racionalizar la estupidez.

No habría sido necesaria mucha justificación para pasar por alto las
banderas de advertencias y «solamente almorzar» con Kyle. Yo podría
fácilmente haber entretenido pensamientos como los siguientes:

* *Mientras estemos en un lugar público, no habrá problema. No hay verdadero
  peligro en reunirme con él en el vestíbulo del restaurante.*
* *Será una hora, dos como mucho. Eso no es tiempo suficiente para ser infiel a mi
  esposo.*
* *Nadie en este hotel sabe quién soy yo, ¡así que no es probable que vaya a ser
  agarrada!*
* *Puede que sea una puerta que Dios está abriendo para que yo hable con Kyle
  sobre Jesús!* (Sí, los cristianos con frecuencia usamos el evangelismo como
  excusa para seguir nuestra carne.)

Afortunadamente, esa vez aquel *no* fue mi patrón de pensamiento, aunque quince o veinte años atrás, estoy bastante segura de que lo habría sido. ¡Gloria a Dios por la transformación!

Los pensamientos que estaban rodando por mi mente con respecto a la lógica de tener aquella cita para almorzar eran más parecidos a los siguientes:

- *Muy bien, digamos que estoy de acuerdo en almorzar. ¿Entonces qué? ¡Un deseo de otro almuerzo en otra ciudad algún día! ¡Y otro! ¡Y entonces el almuerzo no será suficiente!*
- *¿Por qué avivar deseos insaciables que finalmente conducen al Hotel Sufrimiento cuando simplemente puedo ocuparme de mis propios asuntos aquí en el Marriott y mantener intacto mi corazón?*
- *Sabes que una hora de conversación no rascará el picor de él (o el tuyo si comienzas esto). Será como acariciar helechos venenosos, haciendo que haya más picor, ¡haciendo que se extienda y cause aún más daño!*
- *Si le das una mano, él querrá el brazo. Si le das la impresión de que ahora son amigos, va a querer comenzar a ponerse en contacto contigo siempre que quiera dar un empujón a su ego.*
- *¿Realmente quieres ser el pequeño juguete de un piloto?*
- *Puede que después no haya modo de librarte de él. Querrá intercambiar números de teléfono y comenzará a mandarte mensajes de correo electrónico.*
- *Fácilmente podría convertirse en una sanguijuela, quitándote cada vez más vida con cada contacto.*

Ya te haces idea. A veces, las mujeres podemos idealizar fácilmente la idea de una cita tan inocente y a la vez tan íntima con un extraño bien parecido en un lugar exótico, pero muñeca, esto no es Hollywood ni tampoco es una novela romántica.

Esto es la vida real, donde las personas son heridas, los corazones son rotos y pisoteados, los matrimonios resultan dañados (a veces sin reparación), y los niños se ven atrapados en el fuego cruzado y se preguntan: *¿Qué le ha sucedido a nuestra familia?* Yo no voy a ir hacia allí. Sencillamente no voy. Y espero que tú tampoco vayas.

Uno de mis dichos favoritos ha llegado a ser: «No metas la cabeza en la boca del león antes de orar: "Señor, ¡sálvame de los leones!"». Una estrategia mucho mejor es no llegar a entrar en el foso de los leones; entonces no tendrás que preocuparte por ser devorado. «Practiquen el dominio propio y manténganse alerta. Su enemigo el diablo ronda como león rugiente, buscando a quién devorar» (1 Pedro 5.8).

4. ¡La gracia de Dios *es* suficiente!

En aquellos segundos en que me alejaba nadando de Kyle, sentí que no estaba sola, y no solo me estoy refiriendo al piloto extrovertido y bien parecido que estaba de pie allí. Yo podía sentir al Espíritu Santo en las fibras de mi ser, inundándome de sabiduría mientras yo iba nadando a estilo libre de regreso hacia la zona que no cubría.

Rápidamente recordé de dónde había salido muchos años atrás (un pozo profundo de desesperación y concesión cuando era una adolescente adicta al amor y al sexo), dónde estaba ahora (caminando en victoria y ayudando a miles de personas a hacer lo mismo), y hacia dónde me dirigía (hacia niveles aún mayores de intimidad espiritual con mi Esposo celestial, tanto en esta vida como en la próxima).

Desde luego, Satanás también intentaba decir algunas palabras. *¿Por qué no hacerlo? ¡Prueba un poco del fruto prohibido! Ha pasado mucho tiempo, ¿y quién sabe si volverás a tener de nuevo este tipo de oportunidad? ¡Nadie se va a enterar! ¡Vamos, vive un poco! Después de todo, ¡Dios no te amará menos! ¿Recuerdas? ¡Su misericordia es nueva cada mañana!* (Sí, Satanás conoce la Escritura, ¡y la utilizará como arma contra nosotros si no tenemos cuidado!)

El que Dios me ame o no si doy un paso tan grande hacia atrás nunca me ha preocupado. Él me amó en medio de mis momentos más profundos, más oscuros y más secretos. ¿Hay alguna profundidad, algún nivel de oscuridad, algún secreto que hiciera que Él me amase menos? En absoluto. *Nada*... podrá separarnos del amor de Dios (ver Romanos 8.38–39). Este pasaje quiere decir exactamente lo que dice: *nada* podría cambiar el amor que Dios tiene por nosotros. ¡Absolutamente nada! ¡Zip! ¡Zilch! Ni una sola cosa. ¡Ni siquiera un millón de cosas!

Claro. Dios *no* me amaría menos. Y su misericordia *es* nueva cada mañana. Pero ¿por qué querría yo volver a rodear esa estúpida montaña otra vez cuando ya estaba viviendo en la tierra prometida? ¿Por qué volver a poner cadenas en mi alma cuando ya he sido liberada? Sencillamente no tenía sentido para mí, y estoy agradecida por ese conocimiento, pues no siempre estuvo ahí.

Incluso el mejor de los cristianos tropieza con el pecado en ocasiones, pero los seguidores de Cristo sinceros no utilizan la misericordia de Dios como licencia para hacer cosas estúpidas o vivir peligrosamente. El pecado *es* fácilmente perdonado, pero el precio que Cristo pagó por mi pecado fue demasiado elevado para que yo simplemente peque sin pensarlo dos veces.

Sí, Dios ciertamente me perdonaría. Pero tan libremente como Dios nos da misericordia en nuestro momento de necesidad, también nos da gracia en nuestro momento de necesidad.

¿Cuál es la diferencia? Misericordia es la capacidad de Dios de perdonar nuestros pecados *después* de que los hayamos cometido. Gracia es el poder de Dios para evitar ese pecado en el principio. Yo no podía pasar por alto la gracia que sentía que fluía directamente de mi relación íntima con Jesús en esos silenciosos momentos de asombro y sorpresa. Sí, la misericordia estaría ahí si yo lo necesitaba, pero la gracia estaba ahí primero. *La gracia estaba ahí primero.* Y yo le di la bienvenida con brazos abiertos.

Jesús bien pudo haber estado caminando por el extremo que no cubría, escuchando la conversación y viendo ansiosamente si yo saldría de la piscina y me metería en la ducha para prepararme para mi cita con Kyle, o si seguiría disfrutando de aquel retiro especial antes de la conferencia que Él había preparado para mí.

Él sabía lo que yo decidiría. Él me ha enseñado bien. Deleitarme en su gran amor es *mucho* más embriagador que las atenciones de cualquier hombre.

¿Estás tan completamente satisfecho mediante tu relación íntima con Jesús que los seres humanos palidecen en comparación?

5. La realidad es mejor que la fantasía.

Además de entender el amor tan increíblemente incondicional que Dios tiene para mí incluso si yo hubiera decidido almorzar con Kyle en lugar de nadar con Jesús, también pensé en mi esposo en casa. Y aunque predico infinitamente en contra de establecer comparaciones, sí fui hasta allí. Solamente porque yo sabía que Greg saldría oliendo a rosas recién cortadas.

Kyle entabló una sencilla conversación. Greg me dio la impresión veinte años atrás de un hombre sin el que sencillamente yo no podía vivir.

Kyle había extendido su mano con interés. Greg había pedido mi mano en matrimonio.

Kyle me ofrecía un simple almuerzo. Greg me ha ofrecido toda su vida.

Kyle estaba dispuesto a hacerme pasar un buen día. Greg está dispuesto a darme todos los días que le quedan.

Kyle puede que hubiera querido un poco de diversión en la tarde, sin compromisos. Greg quiere deleitarme cada tarde que pueda, y no le importan en absoluto los compromisos.

Kyle quería guiarme por un camino peligroso. Greg quiere dirigirme por el camino de la vida con honra, dignidad e integridad.

Kyle iba en busca de avivar un poco de intensidad relacional. Greg va en busca de avivar una intimidad genuina.

Claro que Greg tiene sus errores. Su naturaleza introvertida puede volver un poco loca a esta mariposa social algunas veces. Él deja en ocasiones restos de su afeitado en el lavabo y platos sucios en la pila de la cocina. Ronca. Olvida. No lee mi mente y no hace las cosas del mismo modo que yo. Pero él está ahí. Está ahí cada día, anhelando mi amor; está ahí cada noche, feliz de no hacer otra cosa sino dormir en la cama a mi lado si eso es lo único para lo que yo tengo energías.

Él me quiere. Este hombre con errores decide diariamente amar a esta mujer con errores. Y yo me siento la muchacha más afortunada del planeta.

Conclusión: ¿Por qué pondría yo en peligro la sorprendente belleza de la vida que hemos edificado juntos? ¿Por qué querría una hamburguesa cuando tengo una costilla de primera en casa? Sencillamente no tiene sentido. De hecho, sería mera estupidez.

Incluso si tú no crees que tu matrimonio sea nada por lo que tirar cohetes hoy, sin duda tiene ese potencial *mañana*. Siempre hay esperanza para un milagro matrimonial, y Dios es un experto precisamente en ese negocio. Por tanto, antes de permitir que algún extraño de dulces palabras o cualquier otra persona te atraiga a dar un golpe a su ego (o a cualquier otra parte corporal), señoras, recuerden las semanas y meses que su esposo les persiguió con intenciones sinceras; los años en que él trabajó duro para proporcionar una buena vida para su familia; el abrumador (y a veces paralizante) deseo que él tiene en su corazón de demostrar que es digno de su amor; las múltiples maneras en que él enseña a sus hijos lo que significa ser amado por un padre, por el Padre; y lo desesperadamente que el niño atrapado en ese cuerpo de hombre anhela ser afirmado y respetado por la mujer especial con la que ha soñado, ha anhelado, ha orado y con la que ha comprometido toda su vida.

Caballeros, recuerden que su esposa ha renunciado a todas las demás posibilidades románticas para amarles y servirles *a ustedes*; los años en que ella ha sentido un gran orgullo por cuidar de ustedes, de sus hijos y del hogar que comparten juntos; y lo desesperadamente que la niña atrapada dentro de ese cuerpo de mujer anhela ser atesorada y celebrada por el hombre especial con el que ha soñado, ha anhelado, ha orado y con el que ha comprometido toda su vida.

Al poner las fantasías en su lugar, o darles rienda suelta, *tú* tienes la capacidad de construir o destruir tu matrimonio y tu familia.

Espero que decidas construirlos.

6. Una aventura no es lo que realmente quiero.

He estado leyendo un libro últimamente que se titula *The Broken Image*, por Leanne Payne,[1] y ella utiliza dos palabras juntas que me han hecho despertar con su significado más verdadero al estar combinadas.

Primera palabra: *genital*

Segunda palabra: *intimidad*

Intimidad genital. Obviamente, significa el toque físico de una zona del cuerpo humano por parte de otro ser humano con la intención de dar placer (y proporcionar placer). *Un* ser humano. No tu novio, otro amante, o incluso tu prometido, sino un cónyuge casado legítimamente.

Imagino una entrada para el teatro que afirma claramente «ENTRADA INDIVIDUAL».

Eso es lo que Dios quiso. No una persona hasta que te canses de ella o una tras otra, sino simplemente una. Cómo me gustaría haber entendido eso treinta años atrás antes de que mis muchos lamentos prematrimoniales fuesen concebidos.

¿Por que diseñó Dios nuestra mente, corazón y cuerpo de tal manera que nos desarrollemos en las relaciones con una persona pero podamos destruirnos totalmente a nosotros mismos al relacionarnos con muchas? ¿Podría ser que Dios, cuando diseñó a los seres humanos a su imagen, nos crease para ser «celosos» (querer a una persona para nosotros mismos en lugar de compartir) simplemente porque Él es un Dios celoso? (ver Éxodo 34.14; Deuteronomio 4.24).

Irónicamente, el día en que comencé a escribir en mi diario sobre esa experiencia del sueño californiano, termine la lectura de otro libro titulado *One Thousand Gifts* [Un millar de obsequios], de mi querida amiga Ann Voskamp, que habla de cómo ella aprendió a contar sus bendiciones y dar gracias abundantemente al Dador de todos los dones. Estoy asombrada y a la vez avivada por la pasión que hay en su pluma cuando ella escribe:

Dios, Él ha bendecido, ha acariciado.
Yo podría bendecir a Dios; acariciar con gratitud.
Así hacemos el amor.
Dios hace el amor con gracia sobre gracia; cada momento, un momento de su amor por nosotros. Y Él invita a la entrega de mano, decir el Sí con gratitud. Entonces Dios deja a un lado toda su plenitud para llegar a ser toda la vaciedad. Yo estoy en Él. Él está en mí. Yo abrazo a Dios en el momento, le doy gracias y *bendigo a Dios,* y nos reunimos, ¿y no podía yo hacer el amor con Dios, haciendo de cada momento amor por Él? Conocerle del modo en que Adán conoció a Eva. Piel espiritual a piel espiritual.
Eso es lo que significa su amor. Yo lo quiero: *unión.*[2]

Vaya. Casi te hace sonrojar con anticipación, ¿no es cierto? Solo pensar que hemos sido diseñados por Dios como el *cumplimiento* de sus anhelos más profundos: tener una relación con Él, estar en comunicación, estar en comunión, estar enamorados de Él. Él enamorado de nosotros, y nosotros enamorados de Él.

Y si somos creados a su imagen, eso explica por qué nos sentimos tan atraídos a experimentar plenamente relaciones amorosas e íntimas. Lo anhelamos en las fibras de nuestro ser, como deseamos el aire y el agua.

Solo que a veces lo entendemos mal. Muy mal.

En lugar de buscar amor en la relación con el Dios que nos creó y con el cónyuge con quien Él nos ha bendecido, suponemos que sencillamente eso no es suficiente. Como Adán y Eva, queremos más, sin darnos cuenta de que más, a veces algo distinto a lo que ya se nos ha dado, *no es* mejor. De hecho, *es malo* para nosotros.

Pero el problema no es querer. Incluso Dios quiere intimidad. El problema es dónde la buscamos, con qué nos conformamos.

Tenemos pasiones desviadas y gratitud desviada. Por ejemplo, ¿tendría sentido para nosotros ser llenos con un corazón rebosante de gratitud por un regalo que Dios nos haya dado, y después darnos media vuelta y dar gracias a otro dios distinto? Claro que no. Sin embargo, ¿cuántos hombres y mujeres son avivados por Dios para tener intimidad sexual con la persona que Dios les ha dado, y sin embargo se dan media vuelta y comparten esa pasión con «una» totalmente distinta? En lugar de canalizar esos deseos sexuales y emocionales en la dirección ordenada que se nos ha dado (llamada matrimonio), algunos se abren a otra dirección.

Y normalmente llegan a lamentarlo después de poco tiempo. Un hombre al que conozco pensó que la hierba era más verde y el cielo más azul al otro lado de la cerca de su matrimonio. Por tanto, se divorció y se casó con la mujer que le atrajo al otro lado de esa cerca. Y entonces descubrió que ella le había dado mucho más de lo que él había querido, inclusive herpes y miles de dólares en deudas de las que él no era consciente cuando tomó su decisión en el calor de todos aquellos momentos juntos.

O una joven que supuso erróneamente que quería practicar sexo (intimidad genital) con un viejo enamorado de la secundaria, cuando lo único que realmente quería era un oído que le escuchase y algo de aliento para solucionar la abundancia de equipaje emocional que había arrastrado hasta su matrimonio. Resulta que «el otro» no estaba interesado en su equipaje, solamente en su cuerpo.

Pero a pesar de cuántas veces lo hayamos entendido mal en el pasado, podemos permitir que nuestra sexualidad sea plenamente santificada por nuestra espiritualidad. Podemos desarrollar un apetito tan abrumador por tener un fruto sano que el fruto prohibido pierda su atractivo por completo.

7. *Uno* es lo único que necesito.

Toda esta meditación acerca de la conexión existente entre espiritualidad y sexualidad me ha llevado a esta última conclusión acerca de por qué yo no fui allí con aquel piloto que me invitó a almorzar: *¿Por qué querría compartirme a mí misma con otro «uno» cuando ya Dios me ha dado ese «Uno»?*

Para bajar del avión tan espiritual y expresarlo en términos prácticos y terrenales, Greg me conoce. Conoce cada marca en mi piel, cada hoyuelo. Sabe lo que me enciende, sabe lo que me apaga, conoce mis fantasías y dónde trazo la línea. Él pulsa mis puntos vitales, y no mi exterior. Mi «uno» me conoce sexualmente, me satisface sexualmente y me celebra sexualmente. Sencillamente no necesito ser conocida de tal modo por otro.

Uno es lo único que necesito, todo lo que deseo. Y mi uno comparte mi apellido, mi dirección, mis hijos, mis cuentas bancarias, mi cama, mis sueños, mis metas para nuestro futuro juntos. Mi uno comparte mis pasiones... especialmente mi pasión por el Dios que anhela que seamos uno con Él.

Quizá tú no sientas una conexión sexual o espiritual con tu cónyuge ni remotamente tan fuerte en la actualidad. Ha habido muchos días durante los últimos veintitrés años en que yo tampoco la sentí, o Greg no la sintió. Independientemente de dónde esté tu matrimonio actualmente, has de saber que siempre hay esperanza para tu futuro, mientras estemos buscando a Dios para que nos guíe en nuestro camino hacia niveles más profundos de conexión sexual y espiritual.

ENTRE BAMBALINAS: ¡AL FIN LIBRE!

Lilly había batallado por años con sueños y fantasías inapropiadas acerca de estar en la cárcel y sujeta a la seducción sexual y la violación a manos de los otros prisioneros, tanto varones como hembras. Esas imágenes habían producido gran confusión, culpabilidad y vergüenza desde sus años de adolescencia; es decir, hasta que ella pidió a Dios que se llevase aquella fantasía por completo o que le diese sabiduría y perspectiva más profundas sobre lo que en realidad significaba eso en su propia mente.

«Dios, *¿de qué* está mi cerebro intentando curarse a sí mismo con este sueño recurrente distorsionado?», oraba Lilly.

Al ser hija única de una mamá soltera, Lilly nunca había recibido abuso sexual. No fue expuesta a la pornografía hasta ser una joven adulta, y no se sintió atraída a seguir en esa dirección cuando se dio cuenta de ello. Cuando tenía treinta y tantos años, Lilly no estaba casada ni había practicado nunca sexo. Por tanto, yo pude ver por qué ese sueño era tan perplejo para ella.

Comenzamos a prestar mayor atención a los detalles del sueño. Le pedí que describiese la celda de la cárcel, cómo eran los internos que la buscaban sexualmente, cómo se sentía ella con la experiencia, y otras cosas. Curiosamente, cuando prestó atenta consideración a tales detalles, ciertas cosas destacaron para ella. Su celda en la cárcel no era solo una habitación con piso de cemento y paredes grises. Tenía alfombra en el piso y cortinas en las ventanas, y una cubierta con volantes en la cama doble; sin embargo, seguía habiendo barras de hierro que les separaba del resto de la cárcel.

«Descríbeme cómo te sentías cuando eras pequeña, Lilly. ¿Cuál era la emoción que salía a la superficie con más frecuencia en tu existencia día a día?», le pregunté.

Lilly respondió: «Recuerdo desear como loca que mi madre se casara y tuviera más hijos, porque yo quería desesperadamente tener hermanos y hermanas. Pero eso nunca sucedió».

«¿Y recuerdas qué emoción provocaba el ser hija única? ¿Te sentías sola? ¿Aburrida? ¿Deprimida?», le dije.

«Sin duda, todas esas cosas, pero más que nada creo que me sentía *responsable* de la salud emocional de mi madre. Ya que ella no tenía esposo ni otros hijos, crecí sabiendo que *yo* era su única fuente de verdadera conexión con otro ser humano, y el peso de esa responsabilidad a veces era sofocante. Yo no salía con mis amigas muchas tardes o fines de semana sencillamente porque pensaba que sería cruel dejar a mi mamá sola en casa», recordaba ella.

«¿Te comunicaba tu madre, ya fuese abiertamente o encubiertamente, que ella tenía esa expectativa de ti? ¿O fuiste *tú* quien puso esa expectativa sobre *ti misma?*», le desafié. (Sentía que era muy importante aclarar si esa fue una decisión hecha por elección o por manipulación emocional.)

Después de pensar en la pregunta durante unos momentos, respondió: «No se me ocurre ni una sola manera en que mi mamá me hubiera dado esa impresión. Sencillamente siempre ha sido una suposición que yo he hecho, supongo... o quizá fuera realmente una excusa para mi personalidad introvertida el no tener que aventurarme a salir y ser social».

«¿Qué significa para ti "aventurarse y ser social", Lilly? ¿Qué habría requerido eso de ti?».

«Que venciese mi temor a la gente y mi temor a estar cerca de otros. Supongo que enmascaraba ese temor detrás de ser una mártir social por causa del bienestar de mi madre».

«¿Por qué era una perspectiva tan aterradora para ti estar cerca de otras personas?».

«Simplemente yo no tenía muchas capacidades sociales. Me sentía incómoda con otras personas; ¡y *sigue siendo* así! Siempre me he sentido estúpida cuando no se me ocurre nada que decir en la conversación. Probablemente por eso mi madre me obligaba a ir a la escuela pública, para que yo pudiera quizá conquistar mi timidez», pensó ella. «Pero no sé cuánto bien hizo aquello. Sigo siendo bastante tímida».

«Entonces, a la luz de cómo te sentías de niña y cómo ese sentimiento persiste en la madurez, ¿es posible que tu sueño solamente sea un símbolo de la "cárcel mental" en la que has vivido toda tu vida?», le pregunté.

Ella no jugueteó con la idea durante mucho tiempo antes de asentir con que esa era una posibilidad muy clara. «¿Y podría ser esa imagen mental también una representación de cómo has escogido no salir de la casa y experimentar a otras personas, de modo que has anhelado inconscientemente que los demás acudieran a ti?».

De nuevo, asintió positivamente. «Yo siempre prefiero que las personas me busquen, porque no tengo la valentía de buscarlas yo. ¡Pero no quiero que intenten practicar sexo conmigo! ¡Eso es una locura!», exclamó.

Lilly se estaba haciendo a la idea. *El sexo con internos en la cárcel no* era lo que ella quería para su futuro. Pero no podía ignorar el modo en que la manifestación recurrente de esa fantasía en sus sueños seguramente debía simbolizar algo mucho más profundo. Simbolizaba su soledad, su desesperación por relación humana, su temor paralizante por la posibilidad de tener que buscar amistades, su preocupación porque cualquiera en el planeta la encontrase alguna vez y quisiera sacarla de la cárcel mental de ser la única compañera de juegos de su madre. Ella tenía temor a *llegar a ser* como su madre, teniendo solamente su propio hijo con el que relacionarse.

Cuando esos temores fueron reconocidos, comenzamos a planear estrategias para que Lilly pudiera encontrar amistades y crear relaciones más profundas que las que le permitía su trabajo como cajera en un banco. Ella se volvió activa en una iglesia local que tenía un grupo de adultos solteros, y también comenzó a trabajar de modo voluntario con Hábitat para la Humanidad. «Hacer amigos es mucho más fácil cuando hay una meta común en la que puedes enfocarte. Intercambiar historias con personas a la vez que se están usando martillos y pintando paredes no es tan difícil como estar sentada en Starbucks tomando un café y pensando: *¿Qué voy a decir a continuación?*».

La fantasía de la cárcel comenzó a invadir con menor frecuencia sus sueños, lo cual fue un gran alivio para Lilly. Pero lo creas o no, una noche tuvo un sueño parecido, solo que los detalles eran muy distintos:

Estaba tumbada en mi cama en la celda de la cárcel, pero esta vez los otros internos varones y hembras no tenían permiso en mi cuarto para practicar sexo conmigo. En cambio, eran retenidos por un guardia de la cárcel en particular que me miraba a través de las barras de hierro con mucha compasión. Pero después de ver lo sola que yo me sentía en mi celda de la cárcel al no tener compañía, ese guardia comenzó a entrar y meterse en la cama conmigo. No intentó seducirme ni ser inapropiado en absoluto. Solamente me abrazaba fuerte, consolándome con su fuerte protección.

Eso continuó noche tras noche. De hecho, comenzó a trabajar en el turno de día, y en lugar de irse a casa después de salir, iba a mi celda y pasaba todas las noches conmigo. Por tanto, me cuidaba día y noche. Yo sentía que tenía mi propio guardaespaldas personal.

Entonces llegó el día en que me enteré de que me iban a dejar en libertad condicional, y me sentí llena de emociones encontradas. Por una parte, ¡yo quería salir de aquella celda! ¡Quería experimentar el mundo del que había estado apartada por tanto tiempo! Pero la idea de no tener a ese guardia de la cárcel en mi mundo durante veinticuatro horas me golpeó profundamente. Sencillamente yo no quería dejarle.

El día en que me pusieron en libertad, dos guardias me acompañaron hasta un taxi que estaba esperando; uno era el hombre que me había hecho compañía todo ese tiempo, y no reconocí al otro. Me abrieron la puerta trasera, y yo entré sin mirarles porque no podía soportar que los guardias me vieran llorar por el pensamiento de tener que dejarles; no el *lugar*, sino a la *persona* de la que me había enamorado.

Entonces veo que ese hombre se quita su placa y deja su anillo con las llaves de las celdas. Entregándolas a su compañero, ¡fue hasta el otro lado del taxi y se subió a él! Estaba dejando la cárcel para seguir siendo mi guardaespaldas personal, ¡mi compañero constante!

Y fue entonces cuando finalmente reconocí a ese hombre.

Jesús. Él me había abrazado en la cautividad, y ahora caminaba conmigo en mi libertad.

Jesús *siempre* está cerca. Independientemente de qué tipo sea la cárcel mental donde hayas estado, independientemente de las fantasías o los sueños que invaden tu mente, independientemente de los pensamientos sexuales por los que tú (o tus seres queridos) has estado esclavizado, has de saber que nuestro Señor soberano siempre está ahí para ayudarte a entenderlos, para protegerte de ellos y para consolarte en ellos.

Conclusión

El resto de la historia

omencé este libro con un gráfico sueño que yo experimenté hacia el comienzo del proceso de escritura, pero intencionadamente me detuve en la mitad. Al estilo de Paul Harvey, ahora compartiré el «resto de la historia».

Justamente cuando pensaba que había resuelto en gran parte el misterio sobre el significado de los dos leones, que seguramente el mensaje del sueño era que yo no fuese demasiado legalista ni demasiado liberal acerca de nuestros pensamientos sexuales, entendí que había otras indicaciones en el sueño que aún tenían que ser reconocidas o introducidas. Recordé que, en el sueño, yo estaba de pie sola en un campo de trigo maduro. Pero ¿por qué un campo de trigo? ¿Por qué no un jardín de rosas? ¿O una playa? O una cumbre de una montaña bajo la sombra de un árbol?

Porque el campo de trigo tiene significado. En Juan 4.35 vemos a Jesús enseñando a sus discípulos: «¿No dicen ustedes: "Todavía faltan cuatro meses para la cosecha"? Yo les digo: ¡Abran los ojos y miren los campos sembrados! Ya la cosecha está madura».

Jesús estaba utilizando el campo de cosecha como una imagen con palabras para ilustrar que hay almas perdidas preparadas para ser salvas, ¡y Él *nos* comisiona para reunirlas y conducirlas a su reino eterno! De hecho, Él desafía a sus discípulos diciendo que necesitan orar para que vayan más obreros al campo:

> Al ver a las multitudes, tuvo compasión de ellas, porque estaban agobiadas y desamparadas, como ovejas sin pastor. «La cosecha es abundante, pero son pocos los obreros —les dijo a sus discípulos—. Pídanle, por tanto, al Señor de la cosecha que envíe obreros a su campo». (Mateo 9.36–38)

Notemos la razón por la cual Mateo nos dice que Jesús anhelaba recoger la cosecha (o atraer a las personas más cerca de Él mismo): porque estaban *agobiadas* y *desamparadas*. Eso nos describe a muchos de nosotros, tanto dentro como fuera de la Iglesia, ¿no es cierto?

Pero desde luego, el trigo también se utiliza en un contexto diferente (menos deseable) en la Biblia. En Lucas 22.31–32 Jesús advierte a Simón Pedro: «Satanás ha pedido zarandearlos a ustedes como si fueran trigo. Pero yo he orado por ti, para que no falle tu fe. Y tú, cuando te hayas vuelto a mí, fortalece a tus hermanos».

Ser zarandeado como si fuera trigo significaría que antes de que Pedro y los discípulos pudieran llegar a ser incluso más eficaces para Dios, tendrían que hacer frente a mayores retos. Nuevo nivel, nuevo diablo. Satanás quería probarles con el único propósito de sacudirles y hacer que fuesen inútiles.

Por tanto, de nuevo, mi sueño tenía un significado dual. Yo podía ser libre de ambos extremos del legalismo y el liberalismo y en realidad ser libre para hacer lo que estaba aquí para hacer: cosechar el campo de trigo (al escribir libros, porque es así como Dios me ha dotado para «cosechar» o buscar a personas en su nombre). O yo podía permitir que ambos extremos de legalismo y liberalismo mantuvieran ocupadas mis manos, demasiado distraída para enfocarme en el trabajo establecido. Como resultado, yo estaría permitiendo que Satanás me zarandeara como a trigo, dejándome inútil para la expansión del reino de Dios.

Finalmente, recordé que en el sueño yo llevaba un vestido blanco, lo cual no es típico de mí. Yo soy más dada a llevar «pantalones vaqueros, camiseta y gorra», de modo que sabía que tenía que haber algún significado en el vaporoso vestido blanco. Entonces lo entendí. ¿Dónde ves a una mujer que lleva un vaporoso vestido blanco? El día de su boda, desde luego. La muchacha en el sueño no era solamente *yo*. ¡Era una novia! Pero no solo cualquier novia. Era la novia de Cristo, ¡que es un lenguaje simbólico para decir «todos nosotros los creyentes en Jesús!».

En Apocalipsis 19.6–9 leemos lo que nos está esperando a aquellos que hemos escogido poner nuestra fe en Jesucristo como Señor y Salvador:

> Después oí voces como el rumor de una inmensa multitud, como el estruendo de una catarata y como el retumbar de potentes truenos, que exclamaban:
>
> «¡Aleluya!
> Ya ha comenzado a reinar el Señor,
> nuestro Dios Todopoderoso.
> ¡Alegrémonos y regocijémonos
> y démosle gloria!
> Ya ha llegado el día de las bodas del Cordero.
> Su novia se ha preparado,
> y se le ha concedido vestirse
> de lino fino, limpio y resplandeciente».
>
> (El lino fino representa las acciones justas de los santos.)
> El ángel me dijo: «Escribe: "¡Dichosos los que han sido convidados a la cena de las bodas del Cordero!"». Y añadió: «Estas son las palabras verdaderas de Dios».

¿Captaste eso? Cuando Jesús regrese a buscarnos, tal como prometió que haría, regresará no como meramente un Amo para sus esclavos, un Salvador para los perdidos, un Amigo para los solitarios o un Padre para sus hijos. ¡Él regresara como un Novio celestial para su amada novia! Va a haber una grandiosa y gloriosa boda, y tú y yo estamos invitados, no solo como invitados, ¡sino como la novia! *¡Somos colectivamente la novia de Cristo!*[1]

CONCLUSIÓN

Ese sueño no se trataba solo de *mí*, sino de todos los creyentes. Necesitamos tomarnos en serio nuestros papeles, como «la novia de Cristo», como «los recolectores de la cosecha», como las voces de la razón en un mundo sexualmente irrazonable, para ayudar a vendar a los quebrantados de corazón y ayudarles a buscar amor no en los lugares *equivocados*, sino en el lugar *correcto*, mediante una relación más íntima con nuestro Dios Creador, y mediante relaciones más sanas con ellos mismos y con los demás.

Pero el papel más serio que tenemos en la vida es representar bien a Dios, como seres espirituales y como seres sexuales. Necesitamos recordar que nuestra sexualidad es un hermoso regalo de Dios y es tan única como nuestras huellas dactilares, que la confusión sexual simplemente forma parte integral de ser un ser humano, y que las fantasías sexuales son perfectamente normales pero *nosotros podemos* controlarlas en lugar de permitir que ellas nos controlen.

Y necesitamos recordar que Dios no solo nos habla mediante sermones o pasajes de la Escritura. Al igual que hacía en tiempos bíblicos, Él con frecuencia nos habla mediante sueños mientras estamos dormidos, o mediante nuestros pensamientos y fantasías mientras estamos totalmente despiertos.

La pregunta principal es: «¿Estamos escuchando?».

Apéndice 1

Diez excusas que convierten las fantasías en dolorosas realidades

Como coach personal/de relaciones, he tenido el privilegio de trabajar con algunas de las personas más respetables que querrías conocer nunca. No son violadores de los barrios bajos y prostitutas que trafican con drogas. Son médicos, ministros, misioneros, hombres y mujeres de negocios, amas de casa, directores de coro, y otros.

Pero independientemente de lo respetables que podamos parecer en nuestros papeles públicos, nunca estamos exentos de conductas que caen en espiral descendente. Parte de mi consejería con individuos y parejas es ayudarles a reconocer patrones de pensamiento concretos que abrieron la puerta para que su sueño anteriormente bonito se transformase en su pesadilla más reciente.

Las fantasías no se convierten en realidades sin un poco de premeditación y acción egoísta por nuestra parte, así que consideremos diez excusas que pueden conducirnos hacia un momento de placer pero a toda una vida de dolor.

1. Me merezco tiempo libre de la buena conducta.

Tiempo libre de la buena conducta es para los prisioneros que están en libertad condicional. El matrimonio no es una cárcel sino un privilegio. Dudo de que tiempo libre de la buena conducta fuese parte de los votos que hiciste o del contrato matrimonial que firmaste, así que no utilices esta mala excusa para justificar una conducta que finalmente causará gran vergüenza y humillación para ti, tu cónyuge y para tu familia durante generaciones.

2. Es ahora o nunca...

Mi papá siempre me decía que si alguien busca hacer un contrato de negocios contigo, y es una opción de «ahora o nunca», escoge siempre el nunca. Esa no es solamente una buena política en los tratos de negocios, sino también para evitar malos negocios en las relaciones.

3. Mientras estemos aquí...

Mientras estemos en casa es un entorno normal, realizando nuestra rutina normal, no parece un reto tan grande. Pero cuando hacemos un pequeño viaje y vamos a un nuevo lugar, fuera de la vista o el oído de amigos y familiares, rápidamente podemos perder nuestra orientación relacional. Por eso quienes viajan por negocios tienen un estilo de vida particularmente desafiante, y también por eso irse solo de vacaciones o sin el cónyuge puede abrir la puerta rápidamente a las concesiones. Asegúrate de mantener *muy* alta la guardia siempre que estés fuera de casa.

4. Poner en práctica esta fantasía me hará sentirme más deseable.

Por un momento, quizá. Aunque es probable que la fantasía resulte ser mucho mejor que la realidad. Pero incluso si eso flota en tu mente, ¿entonces qué? Podrías regresar a casa sintiéndote un poco más sexy durante las pocas horas/días en que tu cabeza siga en las nubes, pero la realidad se establece como una bala en el cerebro. Si quieres evitar ese tipo de trauma, evita la aventura.

5. Nadie tiene por qué saberlo.

Tienes razón. Nadie *tiene* por que saberlo; sin embargo, los cónyuges (e incluso los niños) tienen una extraña intuición para descubrir estas cosas. Pero incluso si te las arreglas para mantenerlo oculto de los ojos de los demás, *tú* lo sabrás. Y al meditar en ello (positivamente o negativamente) puede apartar constantemente tu atención de donde tiene que estar: en tu cónyuge, tus hijos, tu casa, tu trabajo, tu iglesia, etc. Permitir que una fantasía se convierta en realidad es como rentar tu cerebro a la persona implicada. Y como los inquilinos del infierno, a veces se niegan a irse cuando estás listo para recuperar tu cerebro.

6. De todos modos, él o ella no me gusta.

Cuando clientes de consejería describen a una persona como «nadie a la que me haya sentido nunca atraído», puedo ver llegar el resto de la historia a kilómetros. De repente, esa persona se asombra al descubrir que estaba *equivocada*. Al bajar la guardia al estar cerca de esa persona no tan deseable, ha llegado a desearla intensamente. Solamente porque no sientas atracción hacia alguien de inmediato no significa que no pudiera desarrollarse una atracción a lo largo del tiempo y después de algunas tazas de café, ¡por tanto, sé sabio y mantén la claridad todo lo necesario para mantener a raya incluso tentaciones futuras!

7. Si amarte está mal, ¡no quiero estar bien!

El amor no solo es ciego, sino también sordo y mudo. O de modo más preciso, sentir que podrías estar «enamorado» te hace ver solamente lo que quieres ver; oír solamente lo que quieres oír; decir solamente lo que quieres decir. Aunque sepas en tu cabeza que esa relación está muy mal, tu corazón te convence: «¡Ah, pero se siente tan bien!». Despierta. El amor no es un sentimiento; es un compromiso con la verdad (1 Corintios 13.6) y con el mayor bien de tu cónyuge (Efesios 5). Por tanto, si esa «relación de fantasía» no es buena para tu cónyuge, es especialmente mala para ti.

8. Lo que es bueno para uno es bueno para el otro.

Algunos intentan convertir una fantasía en realidad simplemente para ajustar cuentas. Sin duda, el aguijón de la traición de un cónyuge es agudo, pero dos males no constituyen un bien. Recuerda que las personas heridas hacen daño a otras personas. Enfócate en ayudar a tu cónyuge a reconocer las heridas que le condujeron a la infidelidad en primer lugar, en lugar de agarrar un «pase libre» y hundirte en las aguas profundas de la disfunción juntamente con ella.

9. ¡Hazme eso una vez más!

¿Cuánto es una más? Así es como quienes hacen dieta se bajan del vagón de la pérdida de peso, como los fumadores siguen enganchados a los cigarrillos, y como los alcohólicos siguen esclavizados a un vaso de licor. Es también como los adictos al sexo, el amor y la relación permanecen atrincherados en los enredos emocionales. Si esto te describe, adopta un nuevo lema: ¡La *última vez* fue la *última vez*!

10. Siempre puedo arrepentirme después.

Seamos sinceros. El amor es una cosa con mucho esplendor, pero también puede ser una cosa muy astillada, especialmente fuera de los límites de la relación matrimonial. Se sitúa bajo la superficie de nuestra piel, causa todo tipo de estragos, y es increíblemente difícil de erradicar. Arrepentirte de una relación inapropiada antes mejor que tarde minimiza tus posibilidades de infección, así que no dejes para mañana lo que deberías haber hecho ayer.

Apéndice 2

Curar la epidemia de abuso sexual

Ahora que entiendes mucho más sobre los orígenes de las fantasías sexuales, probablemente no sea ninguna sorpresa para ti que quienes fantasean con abusar de alguien sexualmente lo más probable es que hayan recibido ellos mismos abusos sexuales. Por eso me gustaría llevar tu atención hacia algunos hechos acerca de esta epidemia destructiva.

1 de cada 4 niñas y 1 de cada 6 niños recibirán abusos sexuales antes de llegar a su dieciocho cumpleaños.[1]

Eso supone el veinte por ciento de nuestra población. Aunque es más cómodo pensar en el abuso sexual infantil en términos de «peligro de extraños», es una falacia que quien molesta a ese niño sea una persona desconocida para él o ella. De hecho, quienes molestan a los niños aparecen con mayor frecuencia en nuestros círculos íntimos.

Del treinta al cuarenta por ciento del tiempo los niños reciben abusos de un familiar.[2]

Otro cincuenta por ciento reciben abusos de alguien a quien el niño conoce y en quien confía.[3]

Incluso si podemos aceptar que los abusadores son personas a las que conocemos, tendemos a aferrarnos a la imagen de un hombre de mediana edad como la típica persona que molesta a niños. Aunque los hombres constituyen la parte más grande de la población que molesta a los niños, no estaremos en posición de proteger verdaderamente a los niños o de apoyar de modo eficaz a los supervivientes en nuestras vidas hasta que entendamos que quienes molestan a niños también pueden ser mujeres y otros niños.

El ocho por ciento del abuso se produce a manos de la madre biológica del niño.[4]

El cuarenta por ciento de las veces el abusador es un niño más mayor o más grande físicamente.[5]

Hay más de 39 millones de supervivientes de abuso infantil en Estados Unidos,[6] y de ellos los expertos han documentado las señales que aparecen en los niños después del abuso, al igual que patrones de conducta que aparecen *antes* de que se produzca el abuso. Por tanto, con la formación adecuada podemos reconocer cuándo están los niños en peligro y cómo poner límites en su lugar para reducir directamente el riesgo de abuso en nuestras casas, barrios y organizaciones que sirven a los jóvenes.

El abuso sexual infantil es predecible y evitable, y *todos* tenemos una parte en la solución.

Mantener el secreto y vivir una mentira aísla a los supervivientes, y perpetúa las conductas de autosabotaje, incluyendo problemas de confianza y de intimidad, límites incorrectos, excesivo consumo de drogas y alcohol, trastornos alimentarios, promiscuidad sexual e incluso delitos. Si tú eres un superviviente, entiendes el impacto que puede tener el abuso sexual en tu vida: emocionalmente, físicamente y espiritualmente. Has de saber que no estás solo, que no fue tu culpa, y que tienes la capacidad de dirigir la culpa donde verdaderamente pertenece: a quien abusó de ti.

PARA DENUNCIAR ABUSO INFANTIL

Llama al 911 o a tu agencia local de Protección del Menor, o, en Estados Unidos, llama al 1-800-4-A-CHILD si sospechas de abuso y necesitas hablar al respecto.

PARA SABER QUÉ PUEDES HACER PARA EVITAR EL ABUSO O ENCONTRAR RECURSOS PARA CURAR

Visita www.taalk.org o, en Estados Unidos, llama al 1-888-808-6558.

SI TÚ O ALGUIEN A QUIEN CONOCES BATALLA CON SENTIMIENTOS INAPROPIADOS HACIA LOS NIÑOS

Visita www.stopitnow.org o, en Estados Unidos, llama al 1-888-PREVENT.

Apéndice 3

Proporcionar un puerto
seguro espiritual y sexual

¿**E**res un líder de una iglesia que busca maneras prácticas de demostrar que eres un lugar seguro para que personas quebrantadas sexualmente busquen dirección, aliento y apoyo?

- Considera atentamente a quienes Dios ha guiado a ser parte de tu congregación. ¿Son personas que han vencido retos sexuales, adicciones, aventuras extramatrimoniales, etc.? ¿Estarían dispuestos a compartir su testimonio personal de lo que Dios ha hecho en su vida, su matrimonio o su familia? Si es así, ¡dales una oportunidad de dejar que su luz brille! ¡Será un gran rayo de esperanza para guiar a otros! (Si estás preocupado por el contenido de tal testimonio, considera grabar una conversación entre tú mismo y esa persona o pareja en un estilo entrevista, lo cual permitirá realizar una cuidadosa edición.)
- Pide a un consejero profesional licenciado que hable en tus clases de jóvenes y de escuela dominical para adultos sobre los desafíos sexuales únicos a los que todos nos enfrentamos en varias etapas de la vida, demostrando su disposición y cercanía para hablar de temas tan sensibles. Quizá también puedan proporcionar una lista de recursos locales de consejería para mayor exploración

para quienes sientan la necesidad de conectar con alguien fuera totalmente de la iglesia.

- Considera ofrecer un seminario o conferencia PureHOPE para tu comunidad local. PureHOPE es un ministerio dedicado a proporcionar soluciones cristianas en una cultura sexualizada, trabajando en colaboración con iglesias y escuelas cristianas para equipar a los creyentes para orar, entender, resolver y participar con la cultura para alentar un estilo de vida PURO. Visita www.purehope.net para más información.

- Los grupos de apoyo de Adictos al Sexo y al Amor Anónimos (www.slaa.com) y Celebrate Recovery (www.celebraterecovery.com) son ministerios muy dignos de extenderse a la comunidad. Garantizado: muchos en tu congregación preferirían ser parte de un grupo de apoyo sexual al otro lado de la ciudad debido al anonimato, pero eso está bien. Quienes viven al otro lado de la ciudad pueden encontrar anonimato y consuelo en tu congregación.

- Piensa en colaborar con XXXcurch.com para realizar un Evento «Domingo Porno». El enfoque del servicio del fin de semana está en que las iglesias hablen del «elefante en los bancos» y obtener ayuda para las personas que batallan con el porno y la adicción al sexo. Más de seiscientas iglesias de todo el mundo han participado en este evento a lo largo de los años, y los recursos y los videos del evento de 2011 están a disposición de tu iglesia para ser utilizados siempre que quieras gratuitamente. Visita www.XXXchurch.com para más información.

- Ofrece una conferencia un fin de semana completo que se enfoque en la sexualidad sana, incluyendo oradores de apertura y talleres sobre una amplia variedad de temas que ministren a adolescentes, estudiantes universitarios, adultos solteros, parejas casadas y padres. (Para más información para que Shannon hable en tu iglesia, visita www.ShannonEthridge.com/speaking.)

Apéndice 4

Doce pasos hacia la recuperación[1]

1. Admitimos que éramos impotentes con respecto a nuestras adicciones y conductas compulsivas, que nuestras vidas se habían vuelto incontrolables.

   Yo sé que en mí, es decir, en mi naturaleza pecaminosa, nada bueno habita. Aunque deseo hacer lo bueno, no soy capaz de hacerlo. (Romanos 7.18)

2. Llegamos a creer que un poder más grande que nosotros mismos podía devolvernos la cordura.

   Pues Dios es quien produce en ustedes tanto el querer como el hacer para que se cumpla su buena voluntad. (Filipenses 2.13)

3. Tomamos la decisión de entregar nuestras vidas y nuestra voluntad al cuidado de Dios.

   Por lo tanto, hermanos, tomando en cuenta la misericordia de Dios, les ruego que cada uno de ustedes, en adoración espiritual, ofrezca su cuerpo como sacrificio vivo, santo y agradable a Dios. (Romanos 12.1)

4. Hicimos un inventario moral exhaustivo y sin temor de nosotros mismos.

   Hagamos un examen de conciencia y volvamos al camino del Señor. (Lamentaciones 3.40)

5. Admitimos ante Dios, ante nosotros mismos y ante otro ser humano la naturaleza exacta de nuestros errores.

   Por eso, confiésense unos a otros sus pecados, y oren unos por otros, para que sean sanados. La oración del justo es poderosa y eficaz. (Santiago 5.16)

6. Estuvimos totalmente listos para que Dios eliminase todos esos defectos de carácter.
   Humíllense delante del Señor, y él los exaltará. (Santiago 4.10)

7. Humildemente le pedimos que quitase todas nuestras faltas.
   Si confesamos nuestros pecados, Dios, que es fiel y justo, nos los perdonará y nos limpiará de toda maldad. (1 Juan 1.9)

8. Hicimos una lista de todas las personas a las que habíamos dañado y estuvimos dispuestos a arreglar las cosas con todas ellas.
   Traten a los demás tal y como quieren que ellos los traten a ustedes. (Lucas 6.31)

9. Hicimos reparación directa a tales personas siempre que fue posible, excepto cuando hacerlo les causaría daño a ellos o a otros.
   Por lo tanto, si estás presentando tu ofrenda en el altar y allí recuerdas que tu hermano tiene algo contra ti, deja tu ofrenda allí delante del altar. Ve primero y reconcíliate con tu hermano; luego vuelve y presenta tu ofrenda. (Mateo 5.23—24)

10. Seguimos haciendo inventario personal y cuando estábamos equivocados, lo admitimos enseguida.
    Por lo tanto, si alguien piensa que está firme, tenga cuidado de no caer.
    (1 Corintios 10.12)

11. Buscamos mediante la oración y la meditación mejorar nuestro contacto consciente con Dios, orando solo por conocimiento de su voluntad para nosotros, y el poder para desempeñarla.
    Que habite en ustedes la palabra de Cristo. (Colosenses 3.16)

12. Al haber tenido una experiencia espiritual como resultado de estos pasos, intentamos llevar este mensaje a otros y practicar estos principios en todos nuestros asuntos.
    Hermanos, si alguien es sorprendido en pecado, ustedes que son espirituales deben restaurarlo con una actitud humilde. Pero cuídese cada uno, porque también puede ser tentado. (Gálatas 6.1)

Apéndice 5

Recursos recomendados para la biblioteca

de tu iglesia/hogar

PARA HOMBRES ADULTOS

La batalla de cada hombre: Ganar la guerra de
la tentación sexual, una victoria a la vez
por Stephen Arterburn y Fred Stoeker

El sexo, mis deseos y mi Dios
por Michael John Cusick

El hombre sexual: Hombría sin complejos de culpa
por Dr. Archibald Hart

PARA MUJERES ADULTAS

La batalla de cada mujer: Descubre el plan de
Dios para la plenitud sexual y emocional
por Shannon Ethridge

The Sexually Confident Wife: Connecting with
Your Husband Mind, Body, Heart, Spirit
por Shannon Ethridge

PARA PAREJAS

Every Man's Marriage: Every Man's Guide
to Winning the Heart of His Wife
por Stephen Arterburn y Fred Stoeker

*La batalla de cada mujer y su matrimonio: Aviva
el gozo y la pasión que ambos desean*
por Shannon Ethridge

*How We Love: A Revolutionary Approach
to Deeper Connections in Marriage*
por Milan y Kay Yerkovich

PARA ADOLESCENTES/JÓVENES ADULTOS

La batalla de cada hombre joven: Estrategias para la victoria en el mundo real de la tentación sexual
por Stephen Arterburn y Fred Stoeker

*La batalla de cada mujer joven: Protege tu mente, tu corazón
y tu cuerpo en un mundo saturado de sexualidad*
por Shannon Ethridge

PARA PADRES

*Prepare a su hijo para la batalla de cada hombre:
Conversaciones francas sobre la integridad sexual*
por Stephen Arterburn y Fred Stoeker

*Preparing Your Daughter for Every Woman's Battle: Creative
Conversations About Sexual and Emotional Integrity*
por Shannon Ethridge

*How to Talk Confidently with Your Child About
Sex: For Parents (Learning About Sex)*
por Lenore Buth

Notas

Introducción: Leer entre leones

1. Robert Johnson, *Inner Work: Using Dreams and Active Imagination for Personal Growth* (Nueva York: Harper & Row, 1989), p. 95.

Capítulo 1: ¿Por qué hablar de fantasías sexuales?

1. «Fantasy», Dictionary.com, http://dictionary.reference.com/browse/fantasy?s=t.
2. Neil T. Anderson, *The Bondage Breaker: Overcoming Negative Thoughts, Irrational Feelings, Habitual Sins* (Eugene, OR: Harvest House Publishers, 1993), p. 137 [*Rompiendo las cadenas: Venciendo pensamientos negativos, sentimientos irracionales, costumbres pecaminosas* (Miami: Unilit, 2001)].
3. Que se sepa que estos casos de estudio son perfiles compuestos de muchos clientes en conjunto para proteger la identidad de los individuos. Cualquier semejanza entre estas historias y alguien conocido es pura coincidencia.
4. Se reconoce a Pia Mellody por haber presentado este concepto a Jarratt Major.
5. Tina Miracle, Andrew Miracle y Roy Baumeister, *Human Sexuality: Meeting Your Basic Needs* (Upper Saddle River, NJ: Pearson Education, Inc., 2003), p. 349.
6. Robin Norwood, *Daily Meditations for Women Who Love Too Much* (Nueva York: Tarcher/Putnam, 1997), 12 marzo [*Meditaciones para mujeres que aman demasiado* (Barcelona: Vergara, 2005)].

Capítulo 2: Los beneficios de establecer límites

1. Miracle, Miracle y Baumeister, *Human Sexuality*, p. 349.
2. Ibíd, p. 351.
3. Ibíd, p. 352.
4. Ibíd, p. 349.
5. «Repression», Dictionary.com, acceso obtenido 9 julio 2012, http://dictionary.reference.com/browse/repression?s=t&ld=1031.
6. «Sublimation», Dictionary.com, acceso obtenido 9 julio 2012, http://dictionary.reference.com/browse/sublimation?s=ts.
7. Gary Thomas, *Sacred Marriage* (Grand Rapids, MI: Zondervan, 2000), p. 222 [*Matrimonio sagrado* (Miami: Vida, 2005)].
8. «Autoerotic», Dictionary.com, http://dictionary.reference.com/browse/auto-erotic?s=t.
9. «Erotic», Dictionary.com, http://dictionary.reference.com/browse/erotic?s=t.
10. «Illicit», Dictionary.com, http://dictionary.reference.com/browse/illicit?s=t.

11. Encontrado en Shanna Freeman, «What Happens in the Brain During an Orgasm?», *How Stuff Works*, acceso obtenido 11 julio 2012, http://science.howstuffworks.com/environmental/life/human-biology/brain-during-orgasm2.htm.

12. Las estadísticas se tomaron de Brett Kahr, *Who's Been Sleeping in Your Head?: The Secret World of Sexual Fantasies* (Nueva York: Basic Books, 2008) [*Sexo y fantasías: La investigación más completa y reveladora sobre nuestro mundo sexual interior* (Madrid: Martínez Roca, 2010)], citado en «The Truth About Sexual Fantasies», ShoppingLifestyle.com, http://www.shoppinglifestyle.com/love/the-truth-about-sexual-fantasies/911/1/.

13. Gracias a Wendy Maltz y Suzie Boss por la inspiración de esta idea en su libro *Private Thoughts: Exploring the Power of Women's Sexual Fantasies* (Charleston, SC: Booksurge, 2008), p. 195 [*El mundo íntimo de las fantasías sexuales femeninas* (Barcelona: Paidós, 1998)].

14. Ibíd.

Capítulo 3: Los rostros tras las fantasías sexuales

1. «Archetype», Dictionary.com, http://dictionary.reference.com/browse/archetypes?s=t&ld=1031.

2. Johnson, *Inner Work*, p. 46.

3. Robert Bly, *A Little Book on the Human Shadow* (San Francisco: Harper & Row, 1988), p. 2.

4. Johnson, *Inner Work*, p. 50.

Capítulo 4: Pornografía: La fábrica de fantasías

1. Elle Emmerson, «Hope for Women Living in a Porn Torn World: A Beautiful Mind», 15 mayo 2012, artículo de blog de Shannon Ethridge; adaptado de http://shannonethridge.wordpress.com/?s=A+Beautiful+Mind.

2. Chris Hedges, *Empire of Illusion: The End of Literacy and the Triumph of Spectacle* (Nueva York: Nation Books, 2009), p. 68.

3. Ibíd, p. 82.

4. Ibíd, p. 66.

5. Ibíd, p. 77.

6. Ibíd, p. 59.

7. Ibíd, p. 57.

8. ChristiaNet, Inc., «ChristiaNet Poll Finds that Evangelicals Are Addicted to Porn», MarketWire.com, 7 agosto 2006, http://www.marketwire.com/press-release/ChristiaNet-Poll-Finds-That-Evangelicals-Are-Addicted-to-Porn-703951.htm.

9. Dr. Michael J. Bader, *Arousal: The Secret Logic of Sexual Fantasies* (Nueva York: Thomas Dunne Books, 2002), p. 5.

10. Ibíd., 49.

11. Hedges, *Empire of Illusion*, p. 57.

12. Dr. Archibald D. Hart, *Thrilled to Death: How the Endless Pursuit of Pleasure is Leaving Us Numb* (Nashville, TN: Thomas Nelson Publishers, 2007), pp. 129–30.

13. Ibíd, p. 132.

Capítulo 5: Traficar con nuestro cuerpo

1. Leanne Payne, *The Broken Image* (Grand Rapids, MI: Baker Books, 1995), p. 42.

2. Correo electrónico personal mandado a la autora.
3. Timothy Keller, *Counterfeit Gods: The Empty Promises of Money, Sex, and Power, and the Only Hope That Matters* (Nueva York: Riverhead Books, 2009), p. xxvi [*Dioses falsos: Las huecas promesas del dinero, el sexo y el poder, y la única esperanza verdadera* (Miami: Vida, 2011)].
4. C. S. Lewis, *A Complete Guide to His Life and Works*, ed. Walter Hooper (Nueva York: HarperCollins, 1996), p. 321.
5. «El Shaddai—The Breasted One», Good News Inc., http://www.goodnewsinc.net/v4gn/shaddai.html.

Capítulo 6: Cuando «una sola carne» no es suficiente carne

1. Las estadísticas se tomaron de Brett Kahr, *Who's Been Sleeping in Your Head?: The Secret World of Sexual Fantasies* (Nueva York: Basic Books, 2008) [*Sexo y fantasías: La investigación más completa y reveladora sobre nuestro mundo sexual interior* (Madrid: Martínez Roca, 2010)], citado en «The Truth About Sexual Fantasies», ShoppingLifestyle.com, http://www.shoppinglifestyle.com/love/the-truth-about-sexual-fantasies/911/1/.
2. Ibíd.
3. «What Are Dreams?» *NOVA*, producido y dirigido por Charles Coville, transmitido 29 junio 2011 en el canal estadounidense PBS.
4. Dr. Harry W. Schaumburg, *False Intimacy: Understanding the Struggle of Sexual Addiction* (Colorado Springs, NavPress, 1992), pp. 79–80.
5. Benjamin Franklin, *Autobiography and Writings* (Nueva York: Oxford UP, 1999), p. 282 [*Autobiografía y otros escritos* (México: Porrúa, 1989)].
6. Shanna Freeman, "What Happens in the Brain During an Orgasm?" *How Stuff Works*, acceso obtenido 11 julio 2012, http://science.howstuffworks.com/environmental/life/human-biology/brain-during-orgasm2.htm.
7. Ibíd.
8. Ibíd.
9. Gary Thomas, *Sacred Marriage*, p. 218.
10. Ibíd., p. 226, énfasis en el original.

Capítulo 7: Batallar con fantasías gay y lesbianas

1. Louann Brizendine, *The Female Brain* (London: Bantam Books, 2006), pp. 237–38 [*El cerebro femenino* (Barcelona: RBA, 2007)].
2. Alex Witchel, «Life After "Sex"», *New York Times*, 19 enero 2012, http://www.nytimes.com/2012/01/22/magazine/cynthia-nixon-wit.html?_r=1.
3. M. Pollak, «Male Homosexuality», en *Western Sexuality: Practice and Precept in Past and Present Times*, ed. Philippe Aries y Andre Bejin, traducido al inglés por Anthony Forster (Nueva York: B. Blackwell, 1985): pp. 40–61, citado por Joseph Nicolosi en *Reparative Therapy of Male Homosexuality* (Northvale, NJ: Jason Aronson, 1991): pp. 124, 125, encontrado en http://www.frc.org/get.cfm?i=IS04C02#edn7.
4. David H. Demo y otros, eds., *Handbook of Family Diversity* (Nueva York: Oxford UP, 2000), p. 73. Encontrado en http://www.frc.org/get.cfm?i=IS04C02#edn7.
5. «Gay Rights: Facts About Homosexuality», FaithFacts.org, acceso obtenido 11 julio 2012, http://www.faithfacts.org/christ-and-the-culture/gay-rights#ravages.
6. «Extent, Nature, and Consequences of Intimate Partner Violence», *U.S. Department of Justice: Office of Justice Programs*: p. 30; «Intimate Partner Violence», *Bureau of Justice*

Statistics Special Report: p. 11, encontrado en http://www.frc.org/get.cfm?i=IS04C02#edn7.

7. A. P. Bell y M. S. Weinberg, *Homosexualities: A Study of Diversity Among Men and Women* (Nueva York: Simon and Schuster, 1978), pp. 308, 309 [*Homosexualidades: Informe Kinsey sobre la homosexualidad de hombres y mujeres* (Madrid: Debate, 1979)]; también ver A. P. Bell, M. S. Weinberg y S. K. Hammersmith, *Sexual Preference* (Bloomington: Indiana UP, 1981), encontrado en http://www.frc.org/get.cfm?i=IS04C02#edn7.

8. «Lesbian Bed Death», Wikipedia.com, acceso obtenido 11 julio 2012, http://en.wikipedia.org/wiki/Lesbian_bed_death.

9. Kevin Caruso, «Lesbian, Gay, Bisexual and Transgender Suicide», Suicide.org, acceso obtenido 11 julio 2012, http://www.suicide.org/gay-and-lesbian-suicide.html.

10. «Gay Rights», FaithFacts.org.

Capítulo 8: Nuestra fascinación por el placer, el dolor y el poder

1. Carol Thurston, *The Romance Revolution* (Chicago: University of Illinois Press, 1987), p. 78; Michael Castleman, «Women's Rape Fantasies: How Common? What Do They Mean?», PsychologyToday.com, acceso obtenido 12 julio 2012, http://www.psychologytoday.com/blog/all-about-sex/201001/womens-rape-fantasies-how-common-what-do-they-mean.

2. Bader, *Arousal*, pp. 126–27.

3. Ibíd., p. 127.

4. Johnson, *Inner Work*, p. 71.

5. Bader, *Arousal*, p. 130.

6. Etty Hillesum, *Etty: The Letters and Diaries of Etty Hillesum, 1941–1943* (Grand Rapids: Eerdmans, 2002), p. 529.

7. Las estadísticas se tomaron de Brett Kahr, *Who's Been Sleeping in Your Head?: The Secret World of Sexual Fantasies* (Nueva York: Basic Books, 2008) [*Sexo y fantasías: La investigación más completa y reveladora sobre nuestro mundo sexual interior* (Madrid: Martínez Roca, 2010)], citado en «The Truth About Sexual Fantasies», ShoppingLifestyle.com, http://www.shoppinglifestyle.com/love/the-truth-about-sexual-fantasies/911/1/.

8. Shanna Freeman, «What Happens in the Brain During an Orgasm?».

9. Bader, *Arousal*, pp. 126–13.

10. Correo electrónico personal mandado a la autora.

11. Chris Hedges, *Empire of Illusion*, pp. 74, 86, 87.

12. Bly, *A Little Book on the Human Shadow*, pp. 9–10.

Capítulo 9: Situar la fantasía en su lugar

1. Leanne Payne, *The Broken Image*, p. 30.

2. Ann Voskamp, *One Thousand Gifts* (Grand Rapids, MI: Zondervan, 2010), pp. 216–17 [por lanzarse en español, *Un millar de obsequios* (Grand Rapids, MI: Zondervan, 2013)].

Conclusión: El resto de la historia

1. Escribí acerca del concepto de abrazar tu papel de ser la novia de Cristo» en mi libro, *Completely His: Loving Jesus Without Limits* (Colorado Springs, CO: WaterBrook Press, 2007).

Apéndice 2: Curar la epidemia de abuso sexual

1. Lynda S. Doll, Linda J. Koenig y David W. Purcell, «Child Sexual Abuse and Adult Sexual Risk: Where Are We Now?», en *From Child Sexual Abuse to Adult Sexual Risk*, ed. Lynda S. Doll y otros (Washington, DC: American Psychological Association, 2004), pp. 3–10; Shanta R. Dube y otros, «Long-Term Consequences of Childhood Sexual Abuse by Gender of Victim», *American Journal of Preventive Medicine* 28, no. 5 (2005): pp. 430–38; David M. Fergusson, L. John Horwood y Michael T. Lynskey, «Childhood Sexual Abuse, Adolescent Sexual Behavior, and Sexual Revictimization», *Child Abuse & Neglect* 21 (agosto 1997): pp. 789–803; David Finkelhor y Jennifer Dziuba-Leatherman, «Children as Victims of Violence: A National Survey», *Pediatrics* 94 (octubre 1994): pp. 413–20; Jim Hooper, *Child Abuse: Statistics, Research, Resources* (Boston: Boston University School of Medicine, 1998); Cynthia Simpson, Rebecca K. Odor y Saba Masho, *Childhood Sexual Assault Victimization in Virginia* (Richmond, VA: Center for Injury and Violence Prevention, Virginia Department of Health, 2004).

2. Gene G. Abel y Nora Harlow, *Stop Child Molestation Book* (publicado por los autores, 2001); Dean G. Kilpatrick, Benjamin E. Saunders y Daniel W. Smith, *Youth Victimization: Prevalence and Implications* (Washington, DC: U.S. Department of Justice, Office of Justice Programs, National Institute of Justice, 2003); Howard N. Snyder, *Sexual Assault of Young Children as Reported to Law Enforcement: Victim, Incident, and Offender Characteristics* (Washington, DC: U.S. Department of Justice, Bureau of Justice Statistics, 2000).

3. Michele Elliott, Kevin Browne y Jennifer Kilcoyne, «Child Sexual Abuse Prevention: What Offenders Tell Us», *Child Abuse & Neglect* 5 (mayo 1995): pp. 579–94; Abel and Harlow, *Stop Child Molestation Book*; Kilpatrick, Saunders y Smith, *Youth Victimization*.

4. Andrea J. Sedlak y otros, *Fourth National Incidence Study of Child Abuse and Neglect (NIS-4)*, informe al Congreso (Washington, DC: U.S. Department of Health and Human Services, Administration for Children and Families, 2010), pp. 3–9.

5. Gene G. Abel y otros, "Self-Reported Sex Crimes on Nonincarcerated Paraphiliacs», *Journal of Interpersonal Violence* 2 (marzo 1987): pp. 3–25; Kilpatrick, Saunders y Smith, *Youth Victimization*.

6. Abel y otros, ibíd.

Appendix 4: Doce pasos hacia la recuperación

1. John Baker, adaptado de *The Big Book of Alcoholics Anonymous* (Grand Rapids, MI: Zondervan, 1998).

Acerca de la autora

Shannon Ethridge es autora de éxitos de ventas, oradora internacional y coach personal certificada, con un máster en consejería/relaciones humanas de la Universidad Liberty. Es la autora de diecinueve libros, entre los que se incluye la serie *La batalla de cada mujer*, con un millón de ejemplares vendidos; la serie de cinco libros *Completely His*; y *The Sexually Confident Wife*.

Shannon es una invitada frecuente en programas de televisión y radio, como *The Today Show*, *The 700 Club*, *New Life Live!* con Stephen Arterburn, y *Life Today* con James y Betty Robison. También es mentora de aspirantes a escritores y oradores mediante su programa B.L.A.S.T. (por sus siglas en inglés: edificando líderes, autores, oradores y maestros). A la vez que está agradecida por las oportunidades de influenciar a esta generación como escritora y oradora, Shannon sigue sintiendo pasión por su papel como esposa y mejor amiga de su esposo, Greg, y como madre para su hija, Erin, y para su hijo, Matthew.

Obtén más información en www.ShannonEthridge.com.